안전재고 규모에 따른
# 대생산일정계획의
# 민감도 분석

복수계층 MRP시스템을 위한 대생산일정계획을 중심으로

# 안전재고 규모에 따른

# 대생산일정계획의
# 민감도 분석

*Master Production Schedule*

김 성 홍

한국학술정보㈜

# 머리말

　대생산일정계획(master production schedule: MPS)은 생산 및 운영계획에서 가장 중요한 활동 가운데 하나이다. 대생산일정계획은 조직의 생산계획과 자재계획, 시장수요와 세부 스케줄을 연결시키는 핵심기능을 함으로써 생산계획 및 통제시스템에서 중요한 역할을 한다. 대생산일정계획에 의해 자재구매 시기와 구매량, 생산시기가 결정될 뿐만 아니라 대생산일정계획에 따라 기업의 배달가능시간이 산정되기 때문에 대생산일정계획의 효과적인 활용여부에 따라 서비스수준이 결정된다. 따라서 대생산일정계획을 통해 기업의 마케팅부문과 생산부문간의 정보공유 및 협조가 이루어진다.

　불확실한 상황에서 효율적인 대생산일정계획의 개발은 자재소요계획(material requirement planning: MRP) 같은 공식적이고 종합적인 생산계획시스템을 활용하는 많은 기업에서 중요한 이슈이다. 각 품목별 예측치는 대생산일정계획을 통해 자재소요계획 시스템에 투입되는 중요한 요소이다. 또한 불확실한 환경에서 수요예측은 대생산일정계획의 중요한 투입자료가 된다. 따라서 예측오차가 발생할

경우에는 수요예측에 기초하여 결정된 대생산일정계획의 생산량으로
는 실제수요를 완전히 충족시킬 수 없게 된다.

수요변동이 심한 상황에서 기업은 수요변동에 대응하기 위해 연동
스케줄을 사용하고, 스케줄 불안정성을 감소시키기 위하여 대생산일
정계획 고정방법을 사용한다. 한편 대생산일정계획 고정방법을 활용
하면 서비스수준이 감소하는 또 다른 문제가 발생할 수 있다. 따라
서 이러한 문제를 해결하기 위한 방법으로 안전재고를 활용할 수 있
다. 그러나 안전재고를 어느 정도 보유해야 하고, 복수계층 제품구조
의 어느 계층에서 안전재고를 보유하는 것이 가장 효율적인지에 대
한 연구는 수행되지 않았다.

따라서 본 저서에서는 복수계층 MRP시스템(multi-level MRP
system) 하에서 어느 계층에서 어느 정도의 안전재고를 보유할 때
성과가 가장 우수한지를 파악하고자 하였다. 이러한 연구목적을 달
성하기 위해 복수계층 MRP시스템 하에서 완제품 및 부품의 안전재
고가 주생산계획(MPS)의 성과변수(관련비용, 대생산일정계획 불안
정성, 서비스수준)에 미치는 영향을 분석하였다. 즉, 예측오차, 수요
변동, 고정기간, 예측기간 등과 같은 매개변수의 변화를 통해 다양한
상황을 고려했을 때 제품구조의 어느 계층에서 얼마만큼의 완제품
및 부품의 안전재고를 보유하면 총비용, 주생산계획 안정성, 그리고
서비스수준이 가장 우수한지를 분석하였다.

본 연구결과에 따르면 복수계층 MRP시스템을 활용하는 기업은
예측오차 표준편차와 동일한 규모로 완제품 및 부품의 안전재고를
보유할 때 총비용이 가장 적게 소요된다. 따라서 기존 연구에서처럼
완제품에 대한 안전재고만을 보유하는 것보다는 완제품뿐만 아니라

부품의 안전재고를 동시에 보유할 때 비용이 가장 적게 소요됨을 알 수 있다.

한편 각 기업은 본 연구에서 사용한 방법을 통해 자사의 자료를 이용하여 실질적인 분석을 수행해봄으로써 자사의 제품구조와 비용구조 하에서 어느 계층에서 얼마 만큼의 안전재고를 보유하는 것이 효율적인지를 알 수 있을 것이다.

또한 본 연구에서는 안전재고 정책에 대한 분석뿐만 아니라 고정기간, 예측기간, 각종 비용 파라메터, 수요변동 등 매개변수가 성과에 미치는 영향을 분석하였다. 따라서 생산계획 담당자는 이러한 연구결과를 참고하여 자사의 환경변수들이 변화할 때 생산계획에 어떤 영향이 미치는지를 쉽게 예측할 수 있을 것이다. 한편 본 연구에서는 연구결과의 일반화를 위해 각 매개변수의 변화범위를 다양화시켜 다양한 환경을 설정하여 실험을 수행했지만 개별 기업은 자사의 상황에 맞는 매개변수 값들을 선택하여, 그 상황에서 안전재고 정책을 평가함으로써 보다 신속하게 안전재고 정책 효과를 분석할 수 있을 것이다.

# 목 차

# 제1장

# 서  론

# 제 1 절  연구의 필요성 및 목적

대생산일정계획(master production schedule; MPS)은 생산 및 운영계획에서 가장 중요한 활동 가운데 하나이다.[1] 대생산일정계획은 조직의 생산계획과 자재계획, 시장수요와 세부스케줄을 연결시키는 핵심기능을 함으로써 생산계획 및 통제시스템에서 중요한 역할을 한다. 대생산일정계획은 자재의 제약성과 작업장 용량 등을 고려하여 향후 6개월 내지 12개월 동안 생산스케줄을 세우기 위해 고객주문과 수요예측을 결합시켜 기간별로 개별 제품의 생산량을 계획한다. 따라서 전체 제조공정의 계획과 우선순위가 대생산일정계획에 의해 결정된다. 즉 대생산일정계획에 의해 자재구매 시기와 구매량, 생산 시기가 결정된다. 뿐만 아니라 대생산일정계획에 따라 기업의 배달가능시간이 산정되기 때문에 대생산일정계획의 효과적인 활용 여부에 따라 서비스수준이 결정된다. 따라서 대생산일정계획을 통해 기업의 마케팅 부문과 생산 부문 간의 정보공유 및 협조가 이루어진다.

불확실한 상황에서 효율적인 대생산일정계획의 개발은 자재소요계획(material requirement planning; MRP) 같은 공식적이고 종합적인 생산계획시스템을 활용하는 많은 기업에서 중요한 이슈이다. 각

---

1) N. P. Lin & L. Krajewski, "A Model for Master Production Scheduling in Uncertain Environments", *Decision Sciences*, vol.23, 1992, p.839.

품목별 예측치는 대생산일정계획을 통해 자재소요계획 시스템에 투입되는 중요한 요소이다.2) 또한 불확실한 환경에서 수요예측은 대생산일정계획의 중요한 투입자료가 된다. 따라서 예측오차가 발생할 경우에는 수요예측에 기초하여 결정된 대생산일정계획의 생산량으로는 실제수요를 완전히 충족시킬 수 없게 된다.

생산스케줄의 불안정성은 많은 기업이 직면한 중요한 문제이고, 연구자들의 관심을 끌어왔다.3) 보통 자재소요계획에서 불안정성 혹은 과대반응(instability or nervousness)은 상위수준 자재소요계획의 기록이나 대생산일정계획에서의 아주 사소한 변경에 의해 발생하는 하위 자재소요계획에서의 엄청난 변화로 정의한다.4) 즉 복수계층 자재소요계획 시스템에서 제품구조의 상위계층에서 주문량과 주문 시기의 변경은 하위계층으로 전달되고, 럿사이즈 때문에 그 범위가 확대된다.5) 이러한 불안정성은 고객주문량 변경과 판매예측 오차 등으로 인한 수요불확실성 때문에 발생한다. 고객의 요구를 충족시키기 위한 대응은 많은 기업에서 중요한 경쟁요인이지만 대생산일정계획의 과도한 변경을 유발시켜 생산계획 및 통제시스템에서 불안정성을 발생시키고 결과적으로 생산 및 재고비용을 증가시킨다. 실제 제조

---

2) 백종현, 「생산계획 및 재고통제」, 삼영사, 1990, p.75.

3) V. Sridharan & R. L. LaForge, "Freezing the Master Production Schedule: Implications for Fill Rate", *Decision Sciences*, vol.25, no.3, 1994, p.461.

4) X. Zhao & T. S. Lee, "Freezing the master production schedule for material requirements planning systems under demand uncertainty", *Journal of Operations Management*, vol.11, no.2, 1993, p.186.

5) D. C. Steele, "The Nervous MRP System: How to do Battle", *Production and Inventory Management*, vol.16, 1975, pp.83-89.

14

기업을 대상으로 한 연구결과를 보면 빈번한 스케줄변경은 생산현장의 혼란을 야기하고, 결국 생산성을 떨어뜨리는 원인이 된다.[6] 자재소요계획환경에서 대생산일정계획 불안정성의 근본적인 원인은 완제품 수요의 역동적인 본질 때문이다.[7]

불확실한 고객의 요구에 대응하는 방법으로 기업은 연동스케줄(rolling schedule)과 대생산일정계획 고정방법(method of freezing the MPS)을 활용한다. 연동스케줄은 대생산일정계획을 정기적으로 재계획하는 방법이고, 대생산일정계획 고정방법은 매 계획주기마다 대생산일정계획의 일정비율을 고정시키는 방법을 말한다. 기업은 연동스케줄을 통해 고객 요구변화에 적극적으로 대처할 수 있지만 주기적으로 스케줄을 재계획해야 하기 때문에 스케줄의 과도한 변동을 유발한다.

따라서 자재소요계획에서 스케줄의 불안정성 혹은 변동을 줄이기 위한 방법으로써 대생산일정계획의 일부 혹은 전부를 고정시키는 정책이 개발되었고, 이 방법은 현재 가장 일반적으로 사용되는 방법 중 하나이다.[8] 실제로 대생산일정계획을 고정시키는 방법은 스케줄의 불안정성을 감소시키는 매우 효과적인 방법이고[9] 많은 기업에서

---

6) R. H. Hayes & K. B. Clark, "Explaining Observed Productivity Differentials Between Plants: Implications for Operations Research", *Interfaces*, Vol.15, No.6, 1985, p.3.

7) T. E. Vollmann, W. L. Berry, & D. C. Whybark, *Manufacturing Planning and Control Systems*, 2nd ed. Homewood, IL: Irwin, 1988, p.569.

8) X. Zhao & T. S. Lee, *op. cit.*, p.185.

9) J. D. Blackburn, D. H. Kropp, & R. A. Millen, *op. cit.*
V. Sridharan & W. L. Berry, "Freezing the Master Production Schedule Under Demand Uncertainty", *Decision Sciences*, vol.21, no.1,

활용하고 있다.[10] 연동스케줄에서 대생산일정계획의 고정은 고객대응성과 스케줄 불안정성 간의 상충관계를 관리하는 하나의 방법이고, 자재소요계획과 적시생산시스템(just-in-time; JIT) 등과 같은 광범위한 생산계획 및 통제시스템에서 적용될 수 있다.

그러나 대생산일정계획을 고정시키면 전체적인 비용이 증가한다. 특히 대생산일정계획의 고정비율이 증가할수록 비용은 급격히 증가한다.[11] 따라서 고정비율은 비용과 생산스케줄 불안정성을 고려하여 신중히 결정되어야 한다.

스케줄 불안정성을 줄이려는 방법 가운데 기존문헌에서 자주 거론되는 또 다른 방법은 실제수요와 예측수요의 차이를 완화시키는 방법으로 완제품의 안전재고를 활용하는 것이다. 자재소요계획 시스템 하에서는 원칙적으로 안전재고의 필요성을 인정할 수 없으나 최근에는 이와 같은 시스템에 관한 전반적인 취약점이 제기되면서 불가피하게 안전재고가 필요하다면 대생산일정계획 수준에서 고려해야 한

1990, pp.97-121.

V. Sridharan & V. Udayabanu, "Freezing the Master Production Schedule Stability Under Rolling Planning Horizons", *Management Science*, vol.33, no.9, 1987, pp.1137-1149.

V. Sridharan & R. L. Laforge, "The Impact of Safety Stock on Schedule Instability, Cost and Service", *Journal of Operations Management*, vol.8, no.4, 1989, pp.327-347.

V. Sridharan & R. L. Laforge, "An Analysis of Alternative Policies to Achieve Schedule Stability", *Journal of Manufacturing and Operations Management*, vol.3, no.1, 1990, pp.53-73.

10) N. P. Lin & L. Krajewski, *op. cit.*

11) V. Sridharan & W. L. Berry, *op. cit.*

V. Sridharan & V. Udayabanu, *op. cit.*

V. Sridharan & R. L. Laforge, *op. cit.*, 1990.

다는 견해가 속출하고 있다.[12] 이러한 안전재고 활용정책은 대생산일정계획에서 주문의 불안정성을 감소시킬 것이며, 제품구조의 하위수준에서의 불안정성을 최소화시킨다.[13] 그러나 일반적으로 안전재고를 보유하면 재고보유비가 증가한다는 단점이 있다.

따라서 본 연구의 목적은 첫째, 복수계층 자재소요계획 시스템(multi-level MRP system)에서 연동스케줄과 대생산일정계획의 고정방법을 활용하는 경우에 안전재고 규모가 관련비용, 대생산일정계획 불안정성, 그리고 서비스수준에 어떤 영향을 미치는지를 파악하는 데 있다. 즉 안전재고 규모가 관련비용, 대생산일정계획 불안정성, 그리고 서비스수준에 미치는 영향을 여러 가지 상황에서 분석함으로써 각 상황별로 안전재고 규모의 변화에 따른 대생산일정계획의 민감도를 분석하고자 한다.

둘째, 안전재고를 보유한다면 어느 계층에서 얼마나 보유하는 것이 가장 효과적인지를 파악해 보고자 한다. 즉 대생산일정계획 단계에서 완제품 안전재고를 보유하는 것과 자재소요계획 단계에서 완제품 및 부품의 안전재고를 보유하는 것을 비교 분석하고자 한다. 이때 완제품의 안전재고 규모는 예측수요의 표준편차에 따라 결정되고, 하위부품들의 안전재고 규모는 완제품 안전재고 규모에 부품 안전재고 승수를 곱하여 다양하게 변화시킨다.

셋째, 안전재고 규모와 여러 가지 매개변수들(예측오차, 수요변동,

---

12) 백종현, 전게서, p.199.
   백종현, "총괄생산계획 수준에서의 안전재고에 대한 Time-phasing과 Lot-sizing문제", 「서강경영논총」 제5집, 서강대학교 서강경영연구소, 1994, p.205.
13) J. D. Blackburn, D. H. Kropp, & R. A. Millen, op. cit.

고정기간, 예측기간) 가운데 어떤 변수가 대생산일정계획 성과(관련 비용, 대생산일정계획 불안정성, 서비스수준)에 유의적인 영향을 미치며, 유의적인 영향을 미치는 변수 가운데에서는 어떤 변수가 가장 중요하게 영향을 미치는지를 파악해 보고자 한다.

이러한 연구목적에 따라 본 연구는 안전재고 규모와 제품구조의 계층별 안전재고 보유 여부 등이 대생산일정계획 성과에 미치는 민감도 분석을 통해 기존연구에서 제시한 방법처럼 대생산일정계획 수준에서 완제품 안전재고를 보유하는 것이 효율적인지, 아니면 완제품 안전재고뿐만 아니라 자재소요계획단계에서 하위부품에 대해서도 안전재고를 보유하는 것이 더 효율적인지를 파악할 수 있을 것이다. 또한 어느 정도 규모의 안전재고를 보유해야 하는지, 어떤 변수들이 대생산일정계획 성과변수에 중요한 영향을 미치는지를 파악함으로써 효율적인 대생산일정계획과 자재소요계획을 수립할 수 있는 방안을 모색해 볼 수 있을 것이다.

## 제 2 절  연구범위 및 방법

본 연구는 복수계층 자재소요계획 시스템을 대상으로 한 연구로서, 네 가지 제품구조를 고려했으며, 각각의 완제품은 여덟 가지 부품을 조립하여 생산한다.[14) 네 가지 제품구조는 2개의 계층부터 5개의 계층

---

14) S. N. Kadipasaoglu, "The effect of freezing the master production schedule on cost in multilevel MRP systems", *Production and Inventory Management Journal*, third quarter 1995, pp.30-36.

까지 다양한 형태를 이루고 있다. 본 연구에서는 여러 부품의 조립을 통해 완제품 생산이 이루어지는 기업에서 복수계층 자재소요계획시스 템을 위한 대생산일정계획 수립에 따른 관련비용, 대생산일정계획 불 안정성, 서비스수준을 향상시키기 위한 방안을 모색해 보고자 한다.

매개변수들의 변화를 통해 기업의 여러 가지 상황을 설정하고, 각 상황에서 안전재고 규모의 변화에 따라 관련비용, 대생산일정계획 불안정성, 서비스수준이 어떻게 달라지는가를 분석하기 위해 시뮬레 이션을 실시한 후 시뮬레이션 결과를 입력자료로 이용하여 추가적인 통계분석을 실시하였다.

시뮬레이션은 각 상황별로 300기간씩 수행하여 대생산일정계획의 개별 성과변수에 대한 결과 값을 산출하였다. 그리고 시뮬레이션 결과 를 이용한 통계분석은 분산분석 및 다변량분산분석, 다중회귀분석을 실행하였다. 먼저 실험변수 및 매개변수의 변화에 따라 성과변수가 유 의적인 차이를 보이는지를 검증하기 위해 분산분석(analysis of variance; ANOVA) 및 다변량분산분석(multivariate analysis of vari- ance; MANOVA)을 실시하였고, 그 다음에는 실험변수 및 매개변수 들을 독립변수로 하고 대생산일정계획의 성과변수를 종속변수로 한 다중회귀분석(multiple regression analysis)을 통해 어떤 변수들이 성 과변수에 중요한 영향을 미치는지를 분석하였다.

---

B. J. Coleman & M. A. McKnew, "An Improved Heuristic for Mul- tilevel Lot Sizing in Material Requirements Planning", *Decision Sci- ences*, Vol.22, 1991, p.150.

E. A. Veral & R. L. LaForge, "The Performance of a Simple Incre- mental Lot-Sizing Rule in a Multilevel Inventory Environment", *Decision Sciences*, Vol.16, p.63.

시뮬레이션을 수행하는 데 활용된 실험변수, 매개변수, 성과변수는 문헌연구를 통해 개념을 정의했고, 매개변수의 변환범위 또한 기존 문헌에서 수집한 자료를 종합적으로 정리하였다. 기존문헌을 통해 수집한 자료를 토대로 연구목적에 따라 실험설계를 하고 시뮬레이션을 수행하였다. 그리고 이러한 연구방법을 실제 기업상황에 적용해 보기 위해 특정 기업의 제품구조, 비용구조 및 수요자료를 수집하여 사례분석을 실시했다.

시뮬레이션은 범용 컴퓨터언어인 FORTRAN 77버전 5.0을 활용하여 실행하였고, 시뮬레이션 결과를 이용한 추가적인 통계분석은 SPSS/PC+버전 6.0과 SAS버전 6.11을 활용하여 실행하였다.

## 제 3 절  연구의 구성

본 연구는 5개의 장으로 구성되어 있다. 제1장 서론에서는 문제의 제기와 연구목적, 그리고 연구의 범위 및 방법에 대해 기술하였다.

제2장에서는 본 연구와 관련 있는 문헌을 중심으로 생산계획에서 대생산일정계획이 차지하는 중요성과 대생산일정계획의 발전방향을 살펴보았다. 따라서 본 장에서는 대생산일정계획에 관한 기존연구를 제품구조에 따라 크게 단일계층과 복수계층으로 분류하고, 세부적으로는 제품수요의 확실성과 불확실성으로 구분하여 살펴보았다. 그리고 선행연구를 중심으로 본 연구목적과 관련된 안전재고 규모와 대생산일정계획 성과변수의 관계 및 매개변수와 대생산일정계획 성과

변수의 관계를 살펴보았다.

제3장에서는 문헌연구를 토대로 본 연구의 모형을 제시하고, 본 연구를 진행시키기 위해 설정한 기업환경을 기술하였다. 그리고 본 연구에서 활용될 실험변수, 매개변수 및 성과변수의 개념정의와 변환범위를 제시하고, 시뮬레이션 및 추가적인 통계분석에 대한 구체적인 분석방법을 기술하였다.

제4장에서는 시뮬레이션의 진행과정을 개략적으로 설명하고, 시뮬레이션 결과를 입력자료로 활용하여 추가적인 통계분석을 수행하였다. 먼저 특정 상황을 가정하고 본 연구에서 시뮬레이션을 통해 대생산일정계획을 수립하는 과정을 간략하게 설명하고, 시뮬레이션 결과로 나타난 자료가 통계분석을 수행하는 데 적합한지를 알아보기 위해 성과변수들의 다변량정규성, 각 집단 내에서 분산·공분산 메트릭스의 동질성(등분산성), 독립변수들 간의 다중공선성, 오차항의 독립성 및 정규성, 오차항의 분산 동질성 등을 검증하였다. 이러한 제 조건을 충족한 자료를 이용하여 실험변수 및 매개변수의 변화에 따라 성과변수의 변화추이와 성과변수의 차이를 검증하였다. 그리고 어떤 변수가 성과변수의 차이에 중요한 영향을 미치는지를 분석하였다. 또한 본 연구에서 수행한 시뮬레이션 절차를 현실 상황에 적용해보기 위해 사례분석을 하였다. 사례분석은 실제 기업에서 자재소요계획 시스템을 적용할 때 활용하는 제품구조와 비용 및 수요자료를 수집하여 대생산일정계획을 수립한 후 성과를 측정하고, 이 결과를 실험설계에 따른 시뮬레이션 결과와 비교 분석하였다.

마지막으로 제5장에서는 연구결과를 요약하고, 연구결과가 의미하는 바를 제시했으며, 연구의 한계점 및 향후 연구방향을 제시하였다.

# 제2장

## 선행연구에 대한

## 고찰 및 평가

본 장에서는 선행연구에 대한 문헌을 고찰하고 평가함으로써 본 연구의 필요성을 확인하고, 연구방향을 제시하고자 한다. 먼저 대생산일정계획의 개념을 간략하게 정의하고, 대생산일정계획에 대한 연구의 흐름을 정리하는 과정에서 연구방향을 설정한 후 본 연구에서 사용될 매개변수와 성과변수를 도출하였다.

# 제1절  대생산일정계획의 정의 및 발전방향

## 1. 대생산일정계획의 정의

대생산일정계획이란 최종제품의 생산수량과 생산일정을 구체적으로 정한 것으로 실천을 전제로 한 생산계획이다.[1] 이는 총괄생산계획, 확정된 고객주문, 수요예측에 대한 정보를 입력자료로 활용하여 향후 6개월 내지 12개월 동안 주별로 개별제품을 언제 얼마만큼 생산할 것인가를 결정하는 잠정적 계획이다. 일단 대생산일정계획이 잠정적으로 수립되면 개략적 생산능력계획이 이루어진다. 개략적 생산능력계획이란 현재 생산능력의 관점에서 대생산일정계획이 제대로 이행될 수 있는가를 확인하는 과정이라고 할 수 있다. 결국 잠정적 계획에 따

---

1) 임석현, 「생산·운영관리」, 삼영사, 1991, p.556.

른 능력소요계획과 기업의 생산능력을 검토하여 현실성이 없을 때는 필요한 대책을 강구하여 실현 가능한 대생산일정계획을 확정한다.

대생산일정계획은 시장수요의 예측이 아니라 생산할 수량을 말한다. 따라서 계획된 생산수준은 실제 시장수요의 패턴과 상당히 다를 수 있다. 대생산일정계획은 생산용량, 원자재 이용가능성, 생산비용 같은 요소들을 고려하여 시장수요를 충족시키기 위한 생산전략(생산계획)을 반영한다. 대생산일정계획의 특징은 생산계획을 개별 제품 단위로 분해(disaggregation)하는 것이다. 즉 대생산일정계획은 생산계획이 특정 제품단위로 분해되는 첫 번째 단계이다.[2] 대생산일정계획과 다른 계획들과의 관계는 〈그림 2-1〉과 같다.

〈그림 2-1〉 대생산일정계획과 다른 생산계획 및 통제활동의 관계

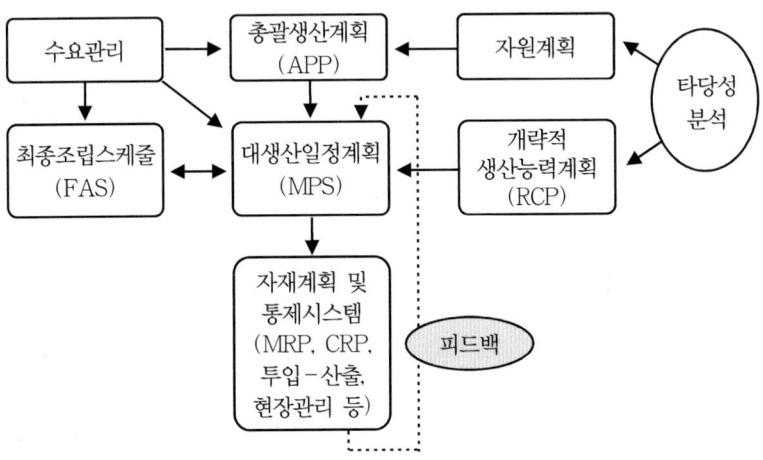

자료원: W. L. Berry, T. E. Vollmann, & D. C. Whybark, *Master Production Scheduling: Principles and Practice*, 2nd ed., APICS, 1983, p.8.

---

2) W. L. Berry, T. E. Vollmann, & D. C. Whybark, *Master Production Scheduling: Principles and Practice*, 2nd ed., APICS, 1983, p.6, 12.

대생산일정계획이 중요한 이유는 대생산일정계획으로부터 제품생산과 관련된 자재소요량과 능력소요량을 계산할 수 있으므로 자원과 시장수요를 균형화할 수 있기 때문이다.[3] 이와 같이 대생산일정계획은 최종품목의 구성품, 부품 및 중간조립품의 구매주문과 제조주문을 밝히는 자재소요계획의 중요한 입력자료가 된다.

대생산일정계획을 수립할 때 중요하게 고려해야 하는 사항에는 우선순위와 생산능력이 있다.[4] 우선순위는 어떠한 제품을 언제 생산할 것인가를 결정하는 것으로써 작업이 수행되는 순서를 나타내고, 생산능력은 시설의 산출률을 나타낸다. 우선순위계획은 자재소요와 관련하여 어떤 자재가 언제 얼마나 필요한가를 결정하는 데 반하여 생산능력계획은 노동력과 설비소요와 관련하여 어떤 노동력과 설비능력이 언제 필요한가를 결정한다. 대생산일정계획은 제품의 수량과 우선순위를 설비능력과 균형시켜야 한다.

## 2. 연동스케줄과 대생산일정계획 고정방법

특정 시점에서 미래에 대한 계획을 수립하던 과거의 관행은 기업환경의 급격한 변화와 더불어 새로운 방법으로 발전하게 되었다. 특히 고객 요구의 다양화와 제품수요량의 급격한 변화에 대응하는 방법으로 정기적으로 계획을 갱신해 나가는 연동스케줄이 개발되었고, 연동스케줄의 단점을 보완하기 위한 한 방안으로 대생산일정계획의 일부 혹은 전부를 고정시키는 방법이 개발되었다.

---

3) 강금식, 「생산·운영관리: 개념, 모형 및 기법」, 박영사, 1987, p.335.
4) 강금식, 전게서, p.335.

### (1) 연동스케줄

연동스케줄이란 상황변화에 대응하기 위해 한번 수립된 계획을 정기적으로 재계획하는 것을 말한다. 여러 기간을 대상으로 하는 생산계획문제를 해결하기 위한 최적해를 구하는 연산절차가 존재하더라도 최적해에 따라 전 기간의 생산이 이루어지는 경우는 매우 드물다. 즉 일정 기간 동안에는 처음에 수립된 계획에 의해 생산이 이루어지고, 일정 기간이 지난 다음에는 새로운 정보를 반영하기 위해 나머지 계획을 갱신하는 방법으로 정기적으로 재계획을 수립한다.5)

연동스케줄을 이용한 연구는 분석적 방법을 이용한 연구와 시뮬레이션 기법을 이용한 연구로 나뉘어 진행되었다. 베이커(K. R. Baker)는 시뮬레이션을 통해 연동스케줄의 효과성을 검증했고,6) 맥클레인과 토머스(J. O. McClain & J. Thomas)는 시뮬레이션을 이용하여 수요의 계절성이 있는 경우에 총괄생산계획에서 계획기간의 효과성을 검증하기 위한 연구에서 연동스케줄을 사용하였다.7) 그리고 베이커와 피터슨(K. R. Baker & D. W. Peterson)은 연동스케줄의 효과성을 검증하기 위해 분석적 틀을 제시했으며,8) 스리드하란 등(V.

---

5) R. C. Carlson, S. L. Beckman, & D. H. Kropp, "The Effectiveness of Extending the Horizon in Rolling Production Scheduling", *Decision Sciences*, vol.13, 1982, pp.129-146.

6) K. R. Baker, "An experimental study of the effectiveness of rolling schedules in production planning", *Decision Sciences*, vol.8, 1977, pp.19-27.

7) J. O. McClain & J. Thomas, "Horizon effects in aggregate production planning with seasonal demand", *Management Science*, vol.23, 1977, pp.728-736.

8) K. R. Baker & D. W. Peterson, "An analytic framework for evaluating rolling schedules", *Management Science*, vol.25, 1979, pp.341-351.

Sridharan et. al.)은 시뮬레이션을 통해 대생산일정계획의 불안정성을 관리함에 있어 비용에 영향을 미치는 세 가지 의사결정변수를 검토하였다.9)

또한 칼슨 등(R. C. Carlson et. al.)은 베이커의 연구를 확장하였다.10) 즉 연동스케줄의 효과성은 예측기간의 길이에 따라 변동(fluctuations)이 심하기 때문에 이러한 변동을 완화시키기 위한 방법으로 예측기간을 연장하여 시뮬레이션을 시행하였다. 청과 크라주스키(C. H. Chung & L. J. Krajewski)는 연동스케줄을 활용하여 수요에 계절성이 있는 경우에 총괄생산계획과 대생산일정계획을 동시에 수립하기 위한 두 단계(two-stage process) 수학적 프로그램을 구축하였다.11)

그리고 최근에는 카디파사오글루(S. N. Kadipasaoglu)가 복수계층 자재소요계획 시스템에서 대생산일정계획 고정비율이 관련비용 및 서비스수준에 미치는 영향을 분석하였고,12) 린 등(N. P. Lin et. al.)은 수요가 불확실한 상황에서 고정간격과 재계획기간의 선택에 미치는 환경변수들의 영향을 분석하였다.13)

---

9) V. Sridharan, W. L. Berry, & V. Udayabhanu, "Freezing the master production schedule under rolling planning horizons", *Management Science*, vol.33, no.9, 1987, pp.1137-1149.

10) R. C. Carlson, S. L. Beckman, & D. H. Kropp, *op. cit.*

11) C. H. Chung & L. J. Krajewski, "Planning Horizons for Master Production Scheduling", *Journal of Operations Management*, vol.4, no.4, 1984, pp.389-406.

12) S. N. Kadipasaoglu, "The effect of freezing the master production schedule on cost in multilevel MRP systems", *Production and Inventory Management Journal*, Third quarter 1995, pp.30-36.

이들 이외에도 블랙번과 밀런(J. D. Blackburn & R. A. Millen),[14] 찬드(S. Chand),[15] 청과 크라주스키(C. H. Chung & L. J. Krajewski),[16] 차오와 리(X. Zhao & T. S. Lee)[17] 등이 대생산일정계획에서 연동스케줄을 이용한 연구를 수행하였다.

생산계획을 수립하고 실행할 때 연동스케줄을 활용하면 미래 계획기간 동안에 발생할 수요변동에 적극적으로 대응할 수 있다. 즉 연동스케줄을 활용하면 일정 기간이 지난 후 정기적으로 재계획을 수립하는데, 이때 과거의 수요변동을 고려하여 미래의 생산량과 생산시기를 조정함으로써 고객서비스 수준을 향상시킬 수 있다. 그러나 연동스케줄을 활용하면 재계획의 빈도가 많아지고, 재계획에 따른 스케줄 불안정성 문제가 대두된다. 이러한 연동스케줄의 단점을 보완하기 위한 한 방안으로 대생산일정계획의 일부 혹은 전부를 고정시키는 방법이 개발되었다.

13) N. P. Lin, L. Krajewski, G. K. Leong, & W. C. Benton, "The effects of environmental factors on the design of master production scheduling systems", *Journal of Operations Management*, vol.11, pp.367-384.

14) J. D. Blackburn & R. A. Millen, "Heuristic Lot Sizing Performance in a Rolling Schedule Environment", *Decision Sciences*, vol.21, no.11, 1980, pp.691-701.

15) S. Chand, "A Note on dynamic Lot Sizing in a Rolling Horizon Environment", *Decision Sciences*, vol.13, no.1, 1982, pp.113-119.

16) C. H. Chung & L. J. Krajewski, "Replanning frequencies for master production schedules", *Decision Sciences*, vol.17, 1986, pp.263-273.

17) X. Zhao & T. S. Lee, "Freezing the master production schedule for material requirements planning systems under demand uncertainty", *Journal of Operations Management*, vol.11, 1993, pp.185-205.

### (2) 대생산일정계획 고정방법

대생산일정계획 고정방법은 계획기간의 일부 혹은 전부를 고정시키는 방법이다. 즉 재계획의 빈도가 많아지면 스케줄 불안정성이 증가하고, 생산현장에 혼란을 초래하여 결국 생산성을 감소시키고, 비용 증가를 초래하기 때문에 재계획의 빈도를 줄이는 방법으로 대생산일정계획 고정방법이 고안된 것이다. 그러나 어느 정도의 기간을 고정시킬 것인가 하는 고정기간과 어떤 기준으로 고정할 것인가 하는 고정방법이 중요한 문제로 대두되었다.

블랙번 등(J. D. Blackburn et. al.)은 자재소요계획에서 불안정성을 줄이기 위한 전략에 대한 비교연구결과로 계획기간 동안에 스케줄을 고정시키는 것이 스케줄의 불안정성을 줄이는 최선의 방법 가운데 하나임을 밝혔고[18] 스리드하란 등(V. Sridharan et. al.)은 스케줄을 고정시키는 방법을 대생산일정계획에 적용한 최초의 연구에서 대생산일정계획의 불안정성을 관리하는 데 중요한 세 가지 변수들이 비용에 미치는 영향을 분석하였다.[19] 이들이 사용한 세 가지 변수는 대생산일정계획을 고정시키는 방법, 고정 비율, 계획기간이다. 이들은 대생산일정계획의 고정이 비용과 스케줄 불안정성에 미치는 영향을 보여주기 위해 베리 등(W. L. Berry et. al.)[20]의 문헌에 실려 있는 자료를 이용하여 대생산일정계획의 일부를 고정시켜 계획을 수립하는 방법을 설명하고 있다. 스리드하란 등의 연구결과에 따르

---

18) J. D. Blackburn, D. H. Kropp, & R. A. Millen, *op. cit.*

19) V. Sridharan, W. L. Berry, & V. Udayabhanu, *op. cit.*, 1987.

20) W. L. Berry, T. E. Vollmann, & D. C. Whybark, *Master Production Scheduling: Principles and Practice*, 1st ed., APICS, 1979.

면 고정기간이 계획기간의 50% 이하인 상황에서는 대생산일정계획 고정방법이 비용에 미치는 영향이 작지만, 50%를 초과하면서 비용이 급격하게 증가한다. 이들이 베리 등의 문헌에 실린 자료를 이용하여 연동스케줄하에서 대생산일정계획의 일부를 고정시켜 계획을 수립하는 방법을 보면 〈표 2-1〉과 같다.

### 〈표 2-1〉 연동스케줄하에서 대생산일정계획을 고정시킨 예

(1) 기간별 수요량

| 기 간 | 1 | 2 | 3 | 4 | 5 | 6 |
|---|---|---|---|---|---|---|
| 수요량 | 177 | 261 | 207 | 309 | 64 | 182 |

(2) 4기간 최적 계획(첫 기간 고정)

| 단계 | 기간 | 1 | 2 | 3 | 4 | 5 | 6 |
|---|---|---|---|---|---|---|---|
| 1 | 수 요 | 177 | 261 | 207 | 309 | | |
| | 재 고 | 261 | 0 | 309 | 0 | | |
| | MPS | 438 | 0 | 516 | 0 | | |
| 2 | 수 요 | | 0 | 207 | 309 | 64 | |
| | 재 고 | | 0 | 373 | 64 | 0 | |
| | MPS | | 0 | 580 | 0 | 0 | |
| 3 | 수 요 | | | 207 | 309 | 64 | 182 |
| | 재 고 | | | 0 | 246 | 182 | 0 |
| | MPS | | | 207 | 555 | 0 | 0 |
| 4 | 수 요 | | | | 309 | 64 | 182 |
| | 재 고 | | | | 246 | 182 | 0 |
| | MPS | | | | 555 | 0 | 0 |

⑶ 4기간 최적 계획(처음 두 기간 고정)

| 단계＼기간 | | 1 | 2 | 3 | 4 | 5 | 6 |
|---|---|---|---|---|---|---|---|
| 1 | 수 요 | 177 | 261 | 207 | 309 | | |
| | 재 고 | 261 | 0 | 309 | 0 | | |
| | MPS | 438 | 0 | 516 | 0 | | |
| 2 | 수 요 | | 0 | 207 | 309 | 64 | |
| | 재 고 | | 0 | 373 | 64 | 0 | |
| | MPS | | 0 | 580 | 0 | 0 | |
| 3 | 수 요 | | | 207 | 309 | 64 | 182 |
| | 재 고 | | | 373 | 64 | 0 | 0 |
| | MPS | | | 580 | 0 | 0 | 182 |
| 4 | 수 요 | | | | 0 | 0 | 182 |
| | 재 고 | | | | 0 | 0 | 0 |
| | MPS | | | | 0 | 0 | 182 |

자료원: V. Sridharan, W. L. Berry, & V. Udayabhanu, "Freezing the master production schedule under rolling planning horizons", Management Science, vol.33, no.9, 1987, p.1140.

〈표 2-1〉에서 보는 바와 같이 첫 기간을 고정했을 경우에는 3번째 대생산일정계획을 수립하는 단계에서 3기간의 계획량이 두 번째 단계에서 수립되었던 것과는 달리 580단위에서 207단위로 변동되었지만, 처음 두 기간을 고정했을 경우에는 두 번째 단계에서 수립된 대생산일정계획의 2기간과 3기간의 계획량이 고정되었기 때문에 3번째 단계에서 대생산일정계획을 수립할 때에도 3기간의 계획량이 변동되지 않는다. 즉 대생산일정계획의 재계획 시 첫 기간만을 고정하는 경우보다 두 기간을 고정하는 경우에 대생산일정계획의 불안정성이 줄어들게 된다.

한편 스리드하란과 베리(V. Sridharan & W. L. Berry)는 수요가

확률적이고 서비스수준이 고정된 연동스케줄하에서 대생산일정계획을 고정하는 방법에 대한 설계 파라메터를 분석하였다.[21] 그 결과로 비용과 대생산일정계획 불안정성 간에 상충관계가 존재함을 밝혔다.


# 제 2 절  단일계층 시스템에 관한 연구

대생산일정계획에 대한 연구는 각 연구자들이 설정한 연구상황, 연구목적 등에 따라 분류할 수 있다. 본 연구에서는 제품구조와 수요변동에 따라 기존연구를 분류하여 고찰해 보았다. 먼저 제품구조에 따라 단일계층으로 형성된 제품에 대한 대생산일정계획과 복수계층으로 이루어진 제품에 대한 대생산일정계획에 관한 연구를 구분하여 고찰하고, 단일계층 시스템에 관한 연구는 확정적 수요와 확률적 수요로 구분하여 살펴보았다.


## 1. 수요가 확정적인 모델에 관한 연구

수요가 확정적인 모델(deterministic demand model)에서는 수요불확실성(demand uncertainty)을 고려하지 않는다. 즉 계획기간 동안의 수요는 확정적으로 알려져 있기 때문에 예측오차는 존재하지 않는다는 가정하에서 연구를 수행한 것이다.

스리드하란 등(V. Sridharan et. al.)은 스케줄의 일부를 고정시키

---

21) V. Sridharan & W. L. Berry, "Freezing the master production schedule under demand uncertainty", *Decision Sciences*, vol.21, 1990, pp.97-120.

는 방법을 대생산일정계획에 최초로 적용한 연구에서 대생산일정계
획의 불안정성을 관리하는 데 중요한 세 가지 변수들이 비용에 미치
는 영향을 분석하였다.[22] 이들이 사용한 세 가지 변수는 대생산일정
계획을 고정시키는 방법, 고정기간, 계획기간이다.[23] 그리고 비용변
화를 통해 성과를 평가했고, 실험을 위한 매개변수로는 덩어리수요
(lumpiness), 수요변동계수, 비용구조 등을 활용했다.[24] 이들은 매개
변수를 변화시키면서 매개변수의 각 조합에 대해 300기간씩의 자료를
산출하여 와그너-위틴 연산절차(Wagner-Whitin algorithm)를 활용
하여 럿사이즈를 결정하였고, 실험결과를 통해 총비용을 산출하였다.

   이들의 연구는 최초로 대생산일정계획에 스케줄의 일부를 고정시
키는 방법을 적용했다는 의미는 있지만 많은 한계점을 갖고 있다.
먼저 이들의 연구는 수요가 확정적이라는 비현실적인 가정을 하고
있다. 또한 성과변수로 비용만을 사용함으로써 스케줄의 변동성과
비용의 상충관계를 파악할 수 없었을 뿐만 아니라 스케줄의 고정이

---

22) V. Sridharan, W. L. Berry, & V. Udayabhanu, *op. cit.*, 1987.
23) (1) 고정방법: MPS의 일정 부분을 고정시키는 방법, 기간고정과 주문
      고정법(period based & order based freezing method).
    (2) 고정기간(MPS freeze interval length; P): MPS 양이 고정된 미래
      기간의 수. 따라서 계획기간에서 MPS가 고정된 기간의 비율(F)은
      P/N이다.
    (3) 계획기간(planning horizons; N): N=KT, K=1~8. 따라서 N=2~80.
24) (1) 덩어리수요: 특정기간에 요구량이 0일 확률(0, 0.2, 0.5).
    (2) 수요변동계수: 평균수요에 대한 표준편차의 비율(0.1443, 0.2165,
      0.433)수요는 평균이 200이고 범위가 ±50, ±75, ±150인 균등분포.
    (3) 비용구조: 자연주기(natural cycle; T)에 의해 파악. 여기서 T=
      EOQ/평균수요. 재고보유비는 1, 변동비용은 T=2, 4, 6, 8, 10에 따
      라 계산한다.

고객서비스에 미치는 영향을 파악할 수 없었다. 그러나 이러한 연구는 많은 한계점 때문에 연구의 일반성에는 문제가 있을 수 있지만 향후 연구를 위한 기초가 되었다는 데 그 의의가 있다.

## 2. 수요가 불확실한 모델에 관한 연구

1980년대에는 스케줄 불안정성을 줄이기 위한 방법으로 대생산일정계획을 고정하는 정책은 확정적 수요환경하에서 연동스케줄과 결합한 방법이 주로 사용되었다. 앞에서 언급한 스리드하란 등의 연구와 이들의 또 다른 연구[25]는 확정적 수요환경에서 진행되었다. 그러나 스리드하란과 베리(V. Sridharan & W. L. Berry)는 수요가 확률적[26]이고 서비스수준이 고정된 연동스케줄하에서 대생산일정계획을 고정하는 방법에 대한 설계 파라메터를 분석하였다.[27] 이들이 사용한 실험변수는 럿사이즈 결정방법, 계획기간, 재계획빈도, 대생산일정계획의 고정비율 및 고정방법이고, 성과변수는 대생산일정계획의 불안정성과 비용이다.

---

25) V. Sridharan, W. L. Berry, & V. Udayabhanu, "Measuring master production schedule stability under rolling planning horizons", *Decision Sciences*, vol.19, 1988, pp.147-166.

26) 실제수요는 평균이 200이고 범위가 ±150인 균등분포에서 난수를 이용하여 산출하고, 예측오차는 평균이 0이고 표준편차가 30과 60인 정규분포에서 추출하였다. 그리고 예측수요는 실제수요와 예측오차를 합한 값으로 사용하였다.

27) V. Sridharan & W. L. Berry, "Freezing the master production schedule under demand uncertainty", *Decision Sciences*, vol.21, no.1, 1990, pp.97-120.

캠벨(G. M. Campbell)은 고정주문간격을 사용한 대생산일정계획틀을 개발하였다.[28] 그는 계획기간을 세 부분으로 분할했으며,[29] 안전재고와 고정기간의 관계를 파악하고자 했다. 그 결과 고정기간이 길수록 안전재고의 필요성이 증가한다는 사실을 밝혀냈다. 린과 크라주스키(N. P. Lin & L. Krajewski)는 연동스케줄과 대생산일정계획 고정방법을 사용하여 실험변수들이 시스템비용에 미치는 효과를 파악하기 위한 분석적 접근방법을 제시했다.[30] 이들의 연구결과를 보면 대생산일정계획의 고정기간, 재계획 간격, 예측기간은 모두 시스템비용에 중요한 영향을 미친다.

스리드하란과 라포지(V. Sridharan & R. L. LaForge)는 시뮬레이션을 통해 대생산일정계획의 고정기간과 서비스수준의 관계를 분석하였다.[31] 그 결과 고정기간의 증가는 서비스수준을 떨어뜨리지 않고, 다만 재고를 증가시킨다는 것이다. 재고증가는 대생산일정계획의 주문이 실제수요와 안전재고량보다 많기 때문이다. 즉 대생산일정계획의 주문량은 예측수요에 따라 결정되고 고정되기 때문에 이 재고가 서비스수준을 안정시키고 어떤 경우에는 오히려 서비스수준

---

28) G. M. Campbell, "Master production scheduling under rolling planning horizons with fixed order intervals", *Decision Sciences*, vol.23, 1992, pp.312-331.

29) (1) 고정된 기간: 재계획기간에 생산 시기와 럿사이즈 고정.
    (2) 생산 시기만 고정: 생산 시기는 고정되어 있지만 럿사이즈는 변경 가능.
    (3) 자유기간: 생산 시기와 주문간격, 럿사이즈 모두 변경 가능.

30) N. P. Lin & L. Krajewski, "A model for master production scheduling in uncertain environments", *Decision Sciences*, vol.23, 1992, pp.839-861.

31) V. Sridharan & R. L. LaForge, *op. cit.*, 1994.

을 증가시킨다는 것이다.

그러나 이러한 연구들은 모두 단일계층 제품구조를 대상으로 시행되었다. 따라서 여러 가지 부품을 결합하여 완제품을 생산하는 조립상황에서는 활용하기 어렵다는 한계점을 갖고 있다. 이러한 한계점을 극복하기 위해 조립상황을 고려한 복수계층 제품구조를 대상으로 한 연구들이 90년대 중반에 시행되었다.

# 제 3 절  복수계층 시스템에 관한 연구

1990년대 초반까지도 단일계층 제품구조에 대한 자재소요계획 연구가 주류를 이루다 90년대 중반에 접어들면서 복수계층 자재소요계획에 대한 연구로 그 범위가 확대되었다. 현재 대부분의 산업은 여러 부분품들을 조립하여 완제품을 생산하는 조립생산 상황이고, 이러한 상황에 적합한 연구는 복수계층을 대상으로 한 것이다.

먼저 차오와 리(X. Zhao & T. S. Lee)는 수요불확실성하의 복수계층 자재소요계획 시스템에서 대생산일정계획 고정 파라메터가 총비용, 스케줄 불안정성, 서비스수준 등 시스템성과에 미치는 영향과 예측오차가 대생산일정계획 고정 파라메터 선택에 미치는 영향을 연구하였다.[32] 그 결과 대생산일정계획의 고정비율이 높아지면 스케줄의 불안정성은 개선되지만 서비스수준이 낮아지고 총비용이 증가했다. 그러나 몇몇 경우에서는 고정기간의 증가가 서비스수준에 유의

---

32) X. Zhao & T. S. Lee, *op. cit.*

적인 영향을 미치지 않았고, 또 다른 몇몇 경우에서는 고정기간의 증가가 오히려 서비스수준을 증가시키기도 하였다.

카디파사오글루(S. N. Kadipasaoglu)는 복수계층 자재소요계획 시스템을 수요가 확실한 경우와 불확실한 경우로 구분하여 대생산일정계획의 고정기간이 비용 및 서비스수준에 미치는 효과를 분석하였다.[33] 그 결과 대생산일정계획의 일부를 고정시키면 비용은 절감시킬 수 있지만 서비스수준이 감소한다는 것이다. 그가 사용한 예제를 통해 복수계층 자재소요계획 시스템에서 대생산일정계획을 수립하는 방법을 이해할 수 있다. 따라서 그가 사용한 예제를 보면 〈표 2-2〉와 같다.

〈표 2-2〉에서 고정을 하지 않은 경우와 고정을 한 경우의 두 번째 계획기간의 완제품에 대한 계획을 보면 약간 차이를 보이는데, 먼저 고정을 하지 않은 경우에는 3기간의 입고예정량 106단위가 2기간으로 변동되었지만 고정을 한 경우에는 변경할 수 없다. 이러한 차이로 인해 대생산일정계획을 갱신할 때 하위부품의 계획이 달라지고 결국 생산준비비(주문비)와 재고보유비가 달라진다.

그러나 차오와 리의 연구는 복수계층 시스템을 대상으로 하고 있지만 〈그림 2-2〉와 같이 제품구조를 지나치게 단순화시킨 두 가지 경우를 대상으로 분석을 하였다. 한편 카디파사오글루의 연구는 제품구조를 어느 정도 현실화시켰지만 대생산일정계획의 고정이 서비스수준을 떨어뜨리는 문제에 대한 해결방안을 제시하지 못하고 있다.

---

33) S. N. Kadipasaoglu, "The effect of freezing the master production schedule on cost in multilevel MRP systems", *Production and Inventory Management Journal*, third quarter 1995, pp.30-36.

〈표 2-2〉 복수계층 자재소요계획 시스템에서 대생산일정계획 수립방법

(1) 예측수요와 예측오차

| 기 간 | 1 | 2 | 3 | 4 | 5 | 6 | 7 | 8 | 9 | 10 | 11 |
|---|---|---|---|---|---|---|---|---|---|---|---|
| 예측수요 | 65 | 55 | 62 | 64 | 34 | 40 | 46 | 53 | 39 | 54 | 78 |
| 예측오차 | 23 | -27 | -7 | -15 | -4 | 29 | 9 | -21 | -17 | 16 | 18 |

(2) 첫 계획기간의 자재소요계획

| | 기 간 | 1 | 2 | 3 | 4 | 5 | 6 | 7 | 8 | 9 | 10 |
|---|---|---|---|---|---|---|---|---|---|---|---|
| 완제품<br>(초기재고=20) | 예 측 치 | 65 | 55 | 62 | 64 | 34 | 40 | 46 | 53 | 39 | 54 |
| | 입고 예정량 | 120 | | 106 | | | | | | | |
| | 보 유 재 고 | 75 | 20 | 64 | | | | | | | |
| | 발 주 량 | | 74 | | 99 | | 93 | | | | |
| 1단계품목 | 총 소 요 량 | | 74 | | 99 | | 93 | | | | |
| | 입고 예정량 | | | | | | | | | | |
| | 보 유 재 고 | | | | | | | | | | |
| | 발 주 량 | 74 | | 99 | | 93 | | | | | |
| 2단계품목 | 총 소 요 량 | 74 | | 99 | | 93 | | | | | |
| | 입고 예정량 | 74 | | | | | | | | | |
| | 보 유 재 고 | | | | | | | | | | |
| | 발 주 량 | | 99 | | 93 | | | | | | |

(3) 고정시키지 않았을 때 두 번째 계획기간의 자재소요계획

| | 기 간 | 2 | 3 | 4 | 5 | 6 | 7 | 8 | 9 | 10 | 11 |
|---|---|---|---|---|---|---|---|---|---|---|---|
| 완제품<br>(초기재고=52) | 예 측 치 | 55 | 62 | 64 | 34 | 40 | 46 | 53 | 39 | 54 | 78 |
| | 입고 예정량 | 106 | | | | | | | | | |
| | 보 유 재 고 | 103 | 41 | | | | | | | | |
| | 발 주 량 | 57 | 86 | | 92 | | 132 | | | | |
| 1단계품목 | 총 소 요 량 | 57 | 86 | | 92 | | 132 | | | | |
| | 입고 예정량 | 74 | | | | | | | | | |
| | 보 유 재 고 | 17 | | | | | | | | | |
| | 발 주 량 | 69 | | 92 | | 132 | | | | | |
| 2단계품목 | 총 소 요 량 | 69 | | 92 | | 132 | | | | | |
| | 입고 예정량 | | | | | | | | | | |
| | 보 유 재 고 | | | | | | | | | | |
| | 발 주 량 | 69 | 92 | | 132 | | | | | | |

⑷ 4기간 고정 후 두 번째 계획기간의 자재소요계획

| | 기 간 | 2 | 3 | 4 | 5 | 6 | 7 | 8 | 9 | 10 | 11 |
|---|---|---|---|---|---|---|---|---|---|---|---|
| 완제품<br>(초기재고=52) | 예 측 치 | 55 | 62 | 64 | 34 | 40 | 46 | 53 | 39 | 54 | 78 |
| | 입고 예정량 | | 106 | | | | | | | | |
| | 보 유 재 고 | 0 | 44 | | | | | | | | |
| | 발 주 량 | 74 | | 99 | | 93 | | 78 | | | |
| 1단계품목 | 총 소 요 량 | 74 | | 99 | | 93 | | 78 | | | |
| | 입고 예정량 | 74 | | | | | | | | | |
| | 보 유 재 고 | | | | | | | | | | |
| | 발 주 량 | | 99 | | 93 | | 78 | | | | |
| 2단계품목 | 총 소 요 량 | | 99 | | 93 | | 78 | | | | |
| | 입고 예정량 | | | | | | | | | | |
| | 보 유 재 고 | | | | | | | | | | |
| | 발 주 량 | 99 | | 93 | | 78 | | | | | |

자료원: S. N. Kadipasaoglu, "The effect of freezing the master production schedule on cost in multilevel MRP systems", *Production and Inventory Management Journal*, third quarter 1995, pp.33-34.

〈그림 2-2〉 차오와 리의 연구에 사용된 제품구조

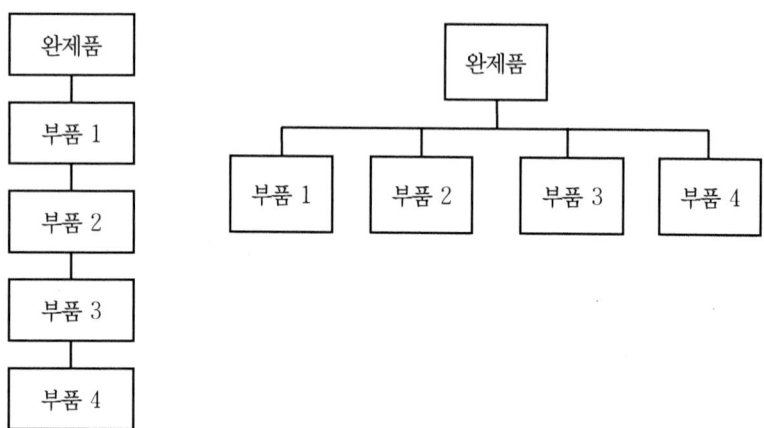

자료원: X. Zhao & T. S. Lee, "Freezing the master production schedule for material requirements planning systems under demand uncertainty", *Journal of Operations Management*, vol.11, 1993, p.190.

결국 이들의 연구는 복수계층의 제품구조를 대상으로 자재소요계획 시스템에 연동스케줄을 사용하여 대생산일정계획을 고정시키는 방법을 적용하려고 시도하였지만 초기적인 단계로서 대생산일정계획의 고정기간이 관련비용, 대생산일정계획 불안정성, 서비스수준에 미치는 영향을 분석했을 뿐 분석 결과로 나타난 문제점을 해결할 수 있는 방안을 제시하지 못하고 있다. 즉 연동스케줄과 대생산일정계획을 고정시키는 방법을 적용함으로써 대생산일정계획 불안정성은 감소하지만 서비스수준이 하락한다는 문제점에 대한 해결방안을 제시하지 못하고 있다.

따라서 복수계층 자재소요계획 시스템에서 대생산일정계획을 수립함에 있어서 연동스케줄을 활용하고 대생산일정계획의 일부를 고정시킴으로써 나타나는 스케줄 불안정성 문제와 서비스수준 감소 문제를 해결하기 위한 방안으로 안전재고를 도입할 수 있을 것이다. 단순히 안전재고를 도입하는 것뿐만 아니라 복수계층의 자재소요계획 시스템에서 완제품 및 부품의 안전재고 규모를 다양하게 변화시켜 실험을 수행해봄으로써 대생산일정계획에서 안전재고 규모가 관련비용, 대생산일정계획 불안정성, 서비스수준에 미치는 영향을 분석해보는 것은 매우 의미 있는 연구가 될 것이다. 한편 기존문헌을 보면 자재소요계획에서는 원칙적으로 안전재고를 허용하지 않지만 반드시 필요한 경우에는 대생산일정계획 단계에서 도입하라고 했다. 그러나 기존문헌에서는 이러한 주장을 뒷받침할 만한 실증적인 근거를 제시하지 못하고 있다. 따라서 본 연구에서는 대생산일정계획 단계에서 완제품 안전재고만을 보유하는 경우와 완제품 및 부품의 안전재고를 동시에 보유하는 경우를 비교분석함으로써 복수계층 제품구조의 어느 계층에서 안전재고를 보유하는 것이 효율적인지도 아울러 밝혀 보고자 한다.

또한 카디파사오글루의 연구처럼 대생산일정계획의 고정기간이 성과변수에 미치는 영향 이외에도 그가 고려하지 않은 변수들(예측오차, 수요변동, 예측기간)의 변화가 대생산일정계획의 성과변수에 미치는 영향을 분석하는 것도 의미 있는 연구가 될 것이다. 뿐만 아니라 이 변수들은 복수계층의 자재소요계획 시스템에서 안전재고 규모가 성과변수에 미치는 영향을 분석하는 데 고정기간과 더불어 매개변수로 활용될 수 있다.

## 제 4 절   대생산일정계획의 성과변수에 관한 연구

급변하는 시장상황에 능동적으로 대응하기 위한 방안으로 기업은 연동스케줄을 활용한다. 연동스케줄이란 정기적으로 대생산일정계획을 재계획하는 방법이다. 즉 일정한 간격을 두고 시장변화에 따른 새로운 자료를 수집하고, 이에 따라 이미 작성된 대생산일정계획을 갱신하는 방법이다. 그러나 이처럼 시장상황의 변화에 따라 대생산일정계획을 갱신하다 보면 계획의 불안정성이 심화되어 생산현장에 혼란을 초래하고, 궁극적으로 생산성을 떨어뜨릴 뿐만 아니라 비용구조를 악화시키는 결과를 가져올 수 있다.

따라서 자재소요계획에서 스케줄의 불안정성 혹은 변동을 줄이기 위한 방법으로써 대생산일정계획의 일부 혹은 전부를 고정시키는 방법이 개발되었다. 앞의 이론적 고찰에서 살펴보았듯이 이 방법은 현재 가장 일반적으로 사용되는 방법 중 하나이고, 자재소요계획 실무

자의 주요 관심사이며 최근에 중요한 연구관심이 되어 왔다. 실제로 이 방법은 스케줄의 불안정성을 감소시키는 데 매우 효과적인 방법이다. 연동스케줄에서 대생산일정계획의 고정은 고객수요에 대한 대응성과 스케줄 불안정성 및 관련비용 간의 어려운 상충관계를 관리하는 하나의 방법이다. 따라서 대생산일정계획의 어느 정도 기간을 고정시킬 것인가가 중요한 연구쟁점이 되어 왔다. 또한 대생산일정계획을 고정시킴으로써 발생하는 서비스수준이 낮아지는 문제점은 대생산일정계획 수준에서 안전재고를 도입함으로써 해결할 수 있다고 한다.

안전재고 규모와 매개변수가 대생산일정계획의 성과에 미치는 영향을 분석한 기존연구결과를 정리하면 다음과 같다.

## 1. 안전재고 규모와 대생산일정계획 성과의 관계

대생산일정계획의 고정방법을 활용함으로써 나타나는 서비스수준의 감소와 재고보유비 상승의 문제는 실제수요와 예측수요의 차이를 완화시키는 방법으로 완제품의 안전재고를 활용함으로써 어느 정도 해결할 수 있다. 이러한 정책은 대생산일정계획에서 주문의 불안정성을 감소시킬 것이며 제품구조의 하위수준에서 나타날 수 있는 불안정성을 최소화시킨다.[34] 그러나 안전재고의 보유로 인해 재고보유비가 증가하는 단점이 있다.

스케줄 불안정성 문제를 해결하기 위해 안전재고를 도입하는 방

---

34) J. D. Blackburn, D. H. Kropp, & R. A. Millen, "A Comparison of Strategies to Dampen Nervousness in MRP Systems", *Management Science*, vol.32, no.4, 1986, pp.413-429.

법은 널리 수용되고 있으며 많은 연구가 진행되었다. 블랙번 등(J. D. Blackburn et. al.)은 수요가 확정적인 경우에 스케줄 안정성을 유지하기 위한 방안으로 안전재고를 도입하는 것은 대부분의 경우에 주문변경을 예방할 수 있지만 높은 수준의 비용을 유발한다는 점을 지적하였다.[35] 그러나 이들은 수요가 확정적인 상황에서 현행기간의 주문변경만을 고려하여 불안정성을 측정하였고, 예측오차 때문에 발생하는 계획기간 내의 수요불확실성은 고려하지 않았다.

캠벨(G. M. Campbell)은 안전재고를 결정하기 위한 세 가지 방법을 비교한 결과 고정기간이 길어지면 더 많은 안전재고가 필요할 것이라고 했으며,[36] 디봇과 반 바센호베(M. A. De Bodt & L. N. Van Wassenhove)는 수요가 불확실한 단일계층 문제에 대한 분석적인 럿사이징 휴리스틱기법을 제시한 연구에서 안전재고의 도입으로 주문 시기의 변경을 회피할 수 있다고 했다.[37] 그러나 벰머뢰프(U. Wemmerlöv)는 시뮬레이션을 수행한 결과 디봇과 반 바센호베의 연구결과와 반대되는 분석 결과를 제시했다.[38] 즉 안전재고 규모가 크더라도 생산계획의 불안정성을 감소시키기 어렵다는 것이다.

---

35) J. D. Blackburn, D. H. Kropp, & R. A. Millen, *Ibid.*

36) G. M. Campbell, "Master production scheduling under rolling planning horizons with fixed order intervals", *Decision Sciences*, vol.23, no.2, 1992, pp.312-331.

37) M. A. De Bodt & L. N. Van Wassenhove, "Cost Increases Due to Demand Uncertainty in MRP Lot-Sizing", *Decision Sciences*, vol.14, no.2, 1983, pp.345-361.

38) U. Wemmerlöv, "Comments on 'Cost Increases Due to Demand Uncertainty in MRP Lot-Sizing': A Verification of Ordering Probabilities", *Decision Sciences*, vol.16, no.3, 1985, pp.410-419.

스리드하란과 라포지(V. Sridharan & R. L. LaForge)는 단일품
목의 대생산일정계획에서 안전재고가 대생산일정계획 불안정성, 관
련비용, 서비스수준에 미치는 영향에 관한 연구에서 안전재고 수준
보다는 예측오차와 비용 파라메터(준비비와 재고보유비)가 대생산일
정계획 불안정성에 더 큰 영향을 미치기 때문에 항상 안전재고가 대
생산일정계획 불안정성을 감소시키는 데 도움이 되지는 않는다. 따
라서 준비시간을 줄이고, 예측정확성을 높이는 것이 중요하다고 하
였다.[39] 또한 이들은 작은 양의 안전재고는 대생산일정계획의 불안
정성과 비용을 절감시키지만 안전재고의 증가(안전재고 승수 0.5 이
상)는 오히려 대생산일정계획의 불안정성을 증가시킬 수 있으며, 안
전재고의 증가는 서비스수준을 증가시키지만 안전재고가 비용에 미
치는 영향은 안전재고 규모에 따라 달라진다고 했다. 결국 수요가
확실한 경우에도 안전재고는 스케줄 불안정성을 줄이는 데 도움이
되지 않는다는 것이다.

선행연구결과를 종합적으로 정리해보면 〈표 2-3〉과 같다.

〈표 2-3〉 안전재고 규모와 MPS 성과의 관계에 대한 문헌연구

| 연 구 자 | 연구결과(안전재고 증가 시) | | |
|---|---|---|---|
| | 비 용 | 불안정성 | 서비스수준 |
| Blackburn et. al.(1986) | 증 가 | 감 소 | - |
| De Bodt & Van Wassenhove(1983) | - | 감 소 | - |
| Wemmerlöv(1985) | - | 감소 안함 | - |
| Sridharan & LaForge(1989) | 준비비 감소 보유비 증가 | 감소하다 증가 | 증 가 |

---

39) V. Sridharan & R. L. LaForge, op. cit., 1989.

〈표 2-3〉을 보면 안전재고 규모가 대생산일정계획 불안정성에 미치는 영향은 연구자에 따라 서로 다른 결과를 제시하고 있다. 그리고 안전재고 규모가 증가할수록 서비스수준은 향상되지만 안전재고 규모에 따라 비용은 곡선의 형태를 보인다. 즉 안전재고 규모가 작은 경우에는 안전재고 규모의 증가에 따라 비용이 감소하다가 안전재고 규모가 어느 수준 이상으로 증가하면 비용 또한 증가한다는 것이다.

## 2. 매개변수와 대생산일정계획 성과변수의 관계

전통적인 이론에 따르면 대생산일정계획의 고정은 낮은 서비스수준과 높은 재고비용의 대가로 스케줄 불안정성 목표를 달성한다는 것이다. 이런 주장은 대생산일정계획의 고정이 시장요구에 대한 기업의 대응능력을 제한하여 서비스수준이 낮아진다는 주장에 근거한다.[40]

스리드하란 등(V. Sridharan et. al.)은 계획기간의 고정비율이 50%를 넘어서면 비용이 유의적으로 증가하고, 80% 이상일 때에는 비용이 급격하게 증가한다고 했다.[41] 한편 스리드하란과 라포지의 연구결과를 보면 예측오차가 증가할수록 대생산일정계획 불안정성과 관련비용이 증가하고 서비스수준은 하락한다.[42] 그리고 수요변동이 심할수록 대생산일정계획과 관련비용은 증가하지만 서비스수준에는 유

---

40) V. Sridharan & R. L. LaForge, "Freezing the master production schedule: implication for fill rate", *Decision Sciences*, vol.25, no.3, 1994, pp.461~469.

41) V. Sridharan, W. L. Berry, & V. Udayabhanu, *op. cit.*, 1987.

42) V. Sridharan & R. L. Laforge, *op. cit.*, 1989.

의적인 차이가 없을 뿐만 아니라 계획기간이 증가하면 대생산일정계
획 불안정성은 감소하지만 관련비용과 서비스수준에는 유의적인 차
이가 없다. 또한 대생산일정계획을 고정시키는 방법이 안전재고를
사용하는 것보다 비용, 스케줄 불안정성 측면에서 우수하다고 한다.

스리드하란과 베리(V. Sridharan & W. L. Berry)는 대생산일정
계획 고정방법의 설계 파라메터가 비용 및 스케줄 불안정성에 미치
는 영향을 분석한 연구에서 고정기간이 증가하면 스케줄 불안정성은
감소하지만 비용이 증가한다는 결과를 발표하였다.[43] 이러한 결과는
스리드하란 등(V. Sridharan et. al.)의 연구결과와 동일하다.[44] 이
이외에도 스리드하란과 베리는 수요가 확실한 경우에는 계획기간이
증가하면 비용이 감소하지만 수요가 불확실한 상황에서는 계획기간
이 증가하면 비용이 증가한다(수요불확실성이 클수록 더욱 분명)는
결과를 제시했다. 그러나 이들의 연구는 서비스수준을 98%로 고정
시킨 상황에서 시뮬레이션을 실행하였기 때문에 다른 연구결과와 비
교하는 데는 한계가 있다. 한편 카디파사오글루(S. N. Kadipasaoglu)
는 이들의 결과와 정반대의 결과를 발표하였다.[45] 즉 복수계층 자재
소요계획 시스템에서 수요가 확실한 경우와 불확실한 경우 모두 고
정기간이 증가할수록 비용과 서비스수준은 감소한다는 것이다. 비용
감소는 수요불확실성 때문에 발생하는 긴급발주나 과도한 재고를 피
함으로써 성취된다는 것이다.

---

43) V. Sridharan & W. L. Berry, *op. cit.*, 1990.
44) V. Sridharan, W. L. Berry, & V. Udayabhanu, *op. cit.*, 1987.
   V. Sridharan, W. L. Berry, & V. Udayabhanu, *op. cit.*, 1988.
45) S. N. Kadipasaoglu, *op. cit.*

차오와 리(X. Zhao & T. S. Lee)는 수요가 불확실한 복수계층 자재소요계획 시스템하에서 고정기간이 길수록 총비용은 증가하지만 대생산일정계획 불안정성과 서비스수준은 감소한다는 결과를 발표했다.[46] 이와 유사한 연구결과는 블랙번 등(J. D. Blackburn et. al.)의 연구[47]를 비롯한 여러 문헌에서 제시되고 있다. 그러나 차오와 리의 연구를 보면 몇몇 경우에서는 고정기간의 증가가 서비스수준에 유의적인 영향을 미치지 않을 뿐만 아니라 오히려 서비스수준을 증가시킨 경우도 있다.

한편 스리드하란과 라포지(V. Sridharan & R. L. LaForge)는 고정기간이 증가하면 대생산일정계획의 주문이 실제수요와 안전재고량보다 많기 때문에 재고수준만 증가할 뿐 서비스수준이 떨어지지는 않는다는 것이다. 대생산일정계획의 주문량은 예측수요에 따라 결정되고 고정되기 때문에 이 재고가 서비스수준을 안정시키고, 어떤 경우에는 오히려 서비스수준을 증가시킨다.[48]

대생산일정계획의 고정기간, 예측오차, 수요변동, 계획기간이 성과변수에 미치는 영향은 연구자에 따라 다양한 결과가 제시되고 있다. 이러한 결과를 종합적으로 정리해보면 〈표 2-4〉와 같다.

---

46) X. Zhao & T. S. Lee, *op. cit.*

47) J. D. Blackburn, D. H. Kropp, & R. A. Millen, *op. cit.*

48) V. Sridharan & R. L. LaForge, *op. cit.*, 1994.

〈표 2-4〉 매개변수와 MPS 성과변수의 관계에 대한 문헌연구

| 매개변수 | 연 구 자 | 연구결과(매개변수 증가 시) | | |
|---|---|---|---|---|
| | | 비 용 | 불안정성 | 서비스수준 |
| 예측오차 | Sridharan & LaForge(1989) | 증 가 | 증 가 | 감 소 |
| | Sridharan & Berry(1990) | 증 가 | 증 가 | - |
| 고정기간 | Blackburn 등(1986) | 증 가 | 감 소 | 감 소 |
| | Sridharan 등(1987, 1988) | 증 가 | 감 소 | - |
| | Sridharan & Berry(1990) | 증 가 | 감 소 | - |
| | Zhao & Lee(1993) | 증 가 | 감 소 | 감 소 |
| | Sridharan & LaForge(1994) | 증 가 | - | 감소 않고, 어떤 경우 증가 |
| | Kadipasaoglu(1995) | 감 소 | - | 감 소 |
| 계획기간 | Sridharan 등(1988) | - | 증가하다 감소 | - |
| | Sridharan & LaForge(1989) | 불 변 | 감 소 | 불 변 |
| | Sridharan & Berry(1990) | 증가(수요불확실) 감소(수요확실) | 증 가 | - |
| 수요변동 | Sridharan & LaForge(1989) | 증 가 | 불 변 | 불 변 |

〈표 2-4〉를 보면 대생산일정계획 연구의 중요한 주제로 대두된 고정기간에 관한 연구결과는 매우 다양하게 나타난다. 대생산일정계획의 고정기간이 증가하면 대생산일정계획 불안정성이 감소할 것이라는 데는 대체로 일치된 결과를 보이고 있다. 그러나 고정기간이 관련비용과 서비스수준에 미치는 영향에 대한 결과는 다양하게 나타난다. 고정기간이 증가하면 관련비용이 증가하고, 서비스수준이 감소할 것이라는 결과가 많지만 연구자에 따라서는 특정 상황에서는 고정기간의 증가가 오히려 관련비용을 감소시킬 수 있고, 서비스수준을 향상시킬 수도 있다는 것이다.

계획기간이 대생산일정계획 성과변수에 미치는 영향에 대한 연구결과도 고정기간에 대한 결과와 유사하게 서로 다른 결과가 제시되

고 있다. 수요가 확실히 알려져 있는 경우에는 계획기간이 증가하면 비용이 감소하지만 수요가 불확실한 경우에는 계획기간이 증가할수록 비용이 증가한다는 것이다. 또 어떤 연구에서는 계획기간의 변화에 따른 관련비용 및 서비스수준은 유의적인 차이를 보이지 않는다는 결과를 제시하고 있다. 그러나 대체로 계획기간이 증가하면 대생산일정계획 불안정성은 감소한다.

그리고 예측오차와 수요변동이 대생산일정계획의 성과변수에 미치는 영향에 관한 연구는 비교적 활발히 진행되지 않았다. 그러나 이에 대한 소수 연구자들의 연구결과에 따르면 예측오차는 대생산일정계획 성과변수에 매우 부정적인 영향을 미친다. 따라서 예측정확성을 높이는 문제는 매우 중요하다. 뿐만 아니라 수요변동은 서비스수준에는 유의적인 영향을 미치지 않지만 수요변동이 클수록 관련비용을 증가시킨다.

여러 선행연구를 통해 안전재고 규모와 매개변수의 변화가 대생산일정계획 성과변수에 미치는 영향을 파악한 결과 그 어떤 변수에 대해서도 명확한 결과가 제시되지 못하고 있다. 물론 각 연구자들이 가정한 특정 상황에 따라서는 매우 의미 있는 결과가 될 수도 있지만 다른 상황에서 연구한 결과와 서로 상충된다는 점은 보다 현실적인 상황을 고려한 종합적인 분석이 필요하다는 것을 의미한다.

# 제3장

# 시뮬레이션 및 분석을 위한

# 실험계획

# 제 1 절 연구모형 및 연구환경

## 1. 연구모형

각 상황에 따라 완제품의 안전재고 규모와 하위부품의 안전재고 규모를 변화시켰을 때 관련비용, 대생산일정계획 불안정성, 서비스수준이 어떻게 달라지는가를 파악하고자 한다. 그럼으로써 연동스케줄과 고정방법을 활용하는 복수계층 자재소요계획 시스템을 대상으로 한 대생산일정계획을 수립함에 있어서 어느 계층에서 어느 정도 규모의 안전재고를 보유하는 것이 대생산일정계획의 성과변수 측면에서 가장 효과적인지를 알아보려는 것이 본 연구의 궁극적인 목적이다. 이러한 연구목적을 달성하기 위해 본 연구에서는 〈그림 3-1〉과 같이 연구모형을 구성하였다.

〈그림 3-1〉 연구모형

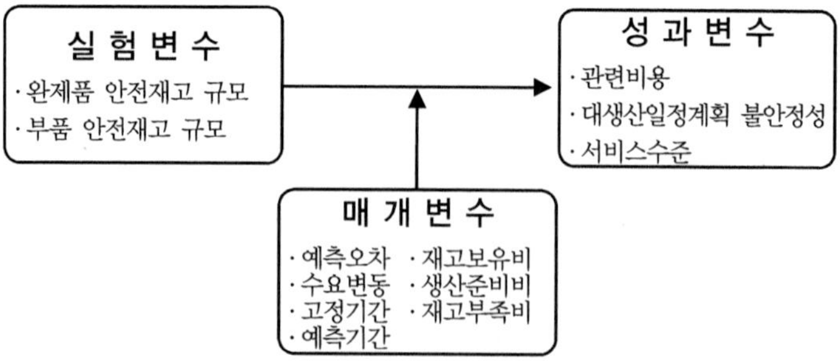

| 실 험 변 수 | 성 과 변 수 |
|---|---|
| ·완제품 안전재고 규모<br>·부품 안전재고 규모 | ·관련비용<br>·대생산일정계획 불안정성<br>·서비스수준 |

매 개 변 수
·예측오차  ·재고보유비
·수요변동  ·생산준비비
·고정기간  ·재고부족비
·예측기간

연구모형에서 완제품 안전재고 규모는 예측오차의 표준편차에 완제품 안전재고 승수를 곱하여 결정하며, 부품의 안전재고 규모는 완제품 안전재고 규모에 부품의 안전재고 승수를 곱해서 결정한다. 따라서 각 상황별로 완제품에 대한 안전재고 규모와 부품에 대한 안전재고 규모가 여러 차례의 변환과정을 거치며, 안전재고 규모에 따라 성과변수가 측정된다. 즉 제품을 구성하는 계층들의 안전재고 규모에 따라 관련비용, 대생산일정계획 불안정성, 서비스수준을 측정한다.

매개변수들은 기존문헌에 사용된 변수들을 종합적으로 정리하였다. 본 연구에서는 안전재고 규모가 성과변수에 미치는 영향을 다양한 상황에서 분석하기 위해 각 매개변수의 변환범위를 다양화시켰다. 또한 매개변수들이 대생산일정계획 성과변수에 미치는 영향을 분석함으로써 어떤 상황에서 본 연구방법을 적용하여 대생산일정계획을 수립하는 것이 바람직할 것인지를 파악할 수 있을 것이다. 한편 개별 매개변수의 변화에 따른 대생산일정계획 성과변수의 변화를 검증하기 위해서는 나머지 매개변수와 안전재고 규모가 매개변수로 활용된다. 예를 들어 예측오차 정도에 따라 대생산일정계획의 성과변수가 어떠한 차이를 보이는지를 분석하기 위해서는 수요변동, 고정기간, 예측기간과 안전재고 규모가 매개변수로 사용된다.

## 2. 연구대상

본 연구는 복수계층 자재소요계획 시스템에 초점을 맞춘다. 즉 본 연구에서 사용된 제품구조는 〈그림 3-2〉와 같이 2개의 계층부터 5개의 계층으로 이루어져 있고, 하나의 완제품은 여덟 가지 부품을 조

52

립하여 완성된다.

본 연구는 수요가 불확실한 상황에서 수요변화에 능동적으로 대응하여 고객서비스 수준을 향상시키고, 대생산일정계획 불안정성을 감소시키기 위해 연동스케줄과 대생산일정계획 고정방법을 사용하며, 대생산일정계획 단계와 하위부품의 자재소요계획 단계에서 안전재고를 보유한다.

<그림 3-2> 제품구조

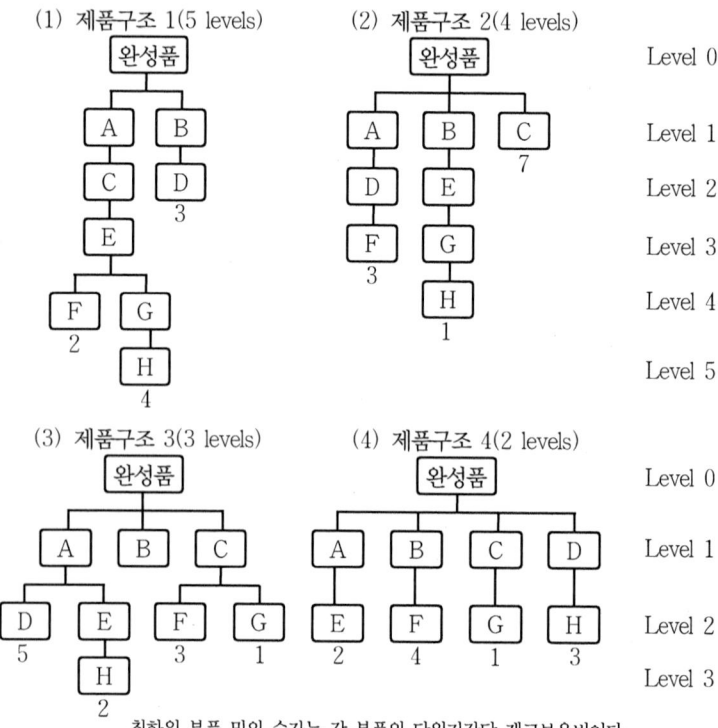

최하위 부품 밑의 숫자는 각 부품의 단위기간당 재고보유비이다.

자료원: B. J. Coleman & M. A. Mcknew, "An Improved Heuristic for Multi-level Lot Sizing in Material Requirements Planning", *Decision Sciences*, vol.22, 1991, p.150.

각 부품의 리드타임은 1기간이고, 완제품의 리드타임은 3기간이다.
완제품 및 각 부품의 럿사이즈는 와그너-위틴 연산절차(Wagner-
Whitin algorithm)[1]를 사용하여 결정한다. 와그너-위틴 연산절차는
비록 계산의 복잡성과 과도한 계산시간 때문에 많은 비용이 소요될
수 있지만 이론적으로 관련비용을 최소화시키는 최적해를 산출할 수
있을 뿐만 아니라 실제로도 종속수요 제품의 계층적 구조에 적용될
때 전통적 재고관리 측면에서 매우 우수한 성과를 가져온다.[2] 뿐만
아니라 와그너-위틴 연산절차는 예측기간이 10 이상일 때 매우 우
수한 성과를 가져오며, 많은 연구에서 럿사이즈 결정규칙을 비교하
기 위한 벤치마크로 사용된다.[3]

한편 각 제품구조에 대해 최하위부품의 재고보유비가 결정되면 이
에 따라 상위계층으로 갈수록 재고보유비가 점증적으로 증가하고,

1) H. M. Wagner & T. M. Whitin, "Dynamic Version of the Economic
   Lot Size Model", *Management Science*, vol.5, 1958, pp.89-96.
2) E. V. Veral & R. L. LaForge, "The Performance of a simple
   Increamental Lot-Sizing Rule in a Multilevel Inventory Environment",
   *Decision Sciences*, vol.16, 1985, p.69.
   T. E. Callarman & R. S. Hamrin, "Lot sizing techniques in material
   requirements planning with demand uncertainty", Prodeedings, AIDS
   Midwest Conference, Chicago, 1979, p.278 in U. Wemmerlöv & D. C.
   Whybark, "Lot-sizing under uncertainty in a rolling schedule envi-
   ronment", *International Journal of Production Research*, vol.22, no.3,
   1984, p.468.
   J. A. Orlichy, 「Material requirements planning」, New York: McGraw-
   Hill, 1975, p.136.
3) J. H. Bookbinder & B. T. H'ng, "Production Lot Sizing for Deter-
   ministic Rolling Schedules", *Journal of Operations Management*, vol.6,
   no.3, May 1986, p.361.

재고부족비는 최하위부품 재고보유비의 2배이고 상위계층으로 갈수록 점증적으로 증가한다. 그 반면에 생산준비비는 최하위부품 재고보유비의 300배이고 500배이고 상위계층으로 갈수록 점차 그 비율이 감소한다. 생산준비비를 최하위 부품 재고보유비의 300배와 500배로 선정한 이유는 기간당 평균수요를 고려했기 때문이다. 본 연구에서 기간당 평균수요를 200단위로 설정했는데 수요변동을 고려하면 매 기간의 예측수요는 100~300단위가 된다. 따라서 생산준비비와 재고보유비에 따라 럿사이즈를 결정하는 방법에서 한번 발주하는 럿사이즈가 1~5기간의 예측수요를 충당할 수 있도록 하기 위해 생산준비비를 재고보유비의 300배와 500배로 설정하였다. 그리고 특정 기간에 재고부족이 발생하면 재고부족량은 다음 기간에 생산된 수량으로 충당된다.

이러한 기본적인 기업환경에서 시뮬레이션이 진행되지만 다양한 기업환경을 결정하는 파라메터들의 영향을 고려하기 위해 매개변수들의 변환범위를 다양화시켰다.

# 제 2 절  변수의 정의 및 범위

## 1. 실험변수에 관한 정의

본 연구에서 사용된 실험변수는 완제품 및 부품의 안전재고 규모다. 스리드하란과 라포지(V. Sridharan & R. L. RaForge)는 단일계층 제품을 대상으로 한 연구에서 안전재고 규모가 스케줄 불안정성, 시스템비용, 서비스수준에 미치는 영향을 분석하였다. 이들은 스케줄의 불안정성을 감소시키기 위해 대생산일정계획 단계에서 안전재고를 고려하였다.[4] 그 이후에 스리드하란과 베리(V. Sridharan & W. L. Berry),[5] 스리드하란과 라포지의 또 다른 연구[6]에서 대생산일정계획 단계에서 안전재고를 고려한 연구를 수행하였다. 이들은 모두 안전재고 규모를 수요의 예측오차에 대한 표준편차와 안전재고 승수를 곱하여 결정했으며, 안전재고 규모를 다양하게 변화시켜 안전재고 규모가 대생산일정계획 성과변수에 미치는 영향을 분석하였다.

본 연구에서는 기존문헌연구를 중심으로 완제품 안전재고 규모를 정의하였다. 한편 본 연구에서는 복수계층 자재소요계획 시스템의 어느 계층에서 얼마만큼의 안전재고를 보유하는 것이 대생산일정계획 성과를 개선시킬 수 있는지를 파악하기 위해 완제품의 안전재고 규모에 따라 하위부품의 안전재고 규모를 다양하게 변화시켜 실험을 진행하고자 한다. 따라서 부품의 안전재고 규모를 실험변수로 도입하였고, 완제품 및 부품의 안전재고 규모를 다음 〈표 3-1〉과 같이 정의했으며 그 범위는 〈표 3-4〉와 같다.

---

4) V. Sridharan & R. L. RaForge, op. cit., 1989.

5) V. Sridharan & W. L. Berry, op. cit.

6) V. Sridharan & R. L. RaForge, op. cit., 1994.

<표 3-1> 실험변수에 대한 정의

| 변 수 | 정 의 | 자 료 원 |
|---|---|---|
| 완제품 안전재고 규모 | 불확실한 수요변동에 대응하기 위해 보유하는 완제품 재고로서 수요예측 오차에 대한 표준편차와 완제품 안전재고 승수의 곱 | Sridharan & LaForge(1989) Sridharan & Berry(1990) Sridharan & LaForge(1994) |
| 부품 안전재고 규모 | 불확실한 수요변동에 대응하기 위해 보유하는 하위부품의 재고로서 완제품 안전재고 규모와 부품 안전재고 승수의 곱 | |

## 2. 시스템 성과변수에 관한 정의

대생산일정계획의 성과는 대부분의 학자들이 비슷한 기준을 사용하여 측정하였다. 대부분의 학자들이 관련비용을 성과기준으로 사용했으며, 일부는 관련비용과 더불어 대생산일정계획 불안정성과 서비스수준을 성과변수로 사용했다.

먼저 관련비용을 측정한 연구를 살펴보면 관련비용을 최적 대생산일정계획에서 발생한 비용과 연구자가 수립한 대생산일정계획의 관련비용을 비교한 비용증가분,[7] 생산준비비와 재고보유비 및 재고부족비의 합,[8] 재고보유비와 생산준비비의 합[9] 등으로 측정하였다. 여

---

[7] V. Sridharan et. al., *op. cit.*, 1987.
   V. Sridharan et. al., *op. cit.*, 1988.
   V. Sridharan & R. L. LaForge, *op. cit.*, 1989.
   V. Sridharan & W. L. Berry, *op. cit.*, 1990.
[8] X. Zhao & T. S. Lee, *op. cit.*
[9] S. N. Kadipasaoglu, *op. cit.*

기서 최적 대생산일정계획이란 계획대상 전 기간에 걸쳐 예측수요가 확보되었다고 가정하고 전 기간의 예측수요를 활용하여 수립된 대생산일정계획을 말한다.

스케줄 불안정성을 측정한 기준으로는 새로 추가된 생산 빈도, 취소된 생산 빈도, 새로 추가된 생산기간의 생산량, 취소된 생산기간에 계획되었던 생산량 등 매우 다양하게 제시되고 있다.[10] 이처럼 스케줄 불안정성을 측정하는 방법은 많이 개발되어 있지만 스리드하란과 라포지의 연구결과를 보면 계획편차 절댓값의 가중평균이 대생산일정계획 불안정성의 다양한 측면을 파악하게 한다는 것이다.[11]

따라서 대생산일정계획 불안정성을 측정한 연구들은 대부분 스리드하란 등이 개발한 계획편차 절댓값의 가중평균(weighted average of the absolute values of the schedule deviations)[12]을 활용하였다. 즉 대생산일정계획을 갱신할 때 변경되는 수량에 기간에 따른 가중치를 부여하여 평균을 산출하는 방법이다. 보다 가까운 미래기간의 계획변경량에 더 높은 가중치를 부여하고, 더 먼 미래기간의 계획변경량에는 더 낮은 가중치를 부여하여 각 변동량의 가중합을 구하여 총변경횟수로 나눈다. 이 방법을 수식으로 표현하면 〈수식 3-1〉과 같다.

10) V. Sridharan & R. L. LaForge, *op. cit.*, 1989, p.331.

11) V. Sridharan & R. L. LaForge, *op. cit.*, 1989, p.334.

12) V. Sridharan et. al., *op. cit.*, 1988.

<수식 3-1> 대생산일정계획 불안정성 지수 계산공식

$$I = \begin{cases} [\sum_{\forall k > 1} \sum_{t = M_k}^{M_{k-1} + N - 1} |Q_t^k - Q_t^{k-1}| (1 - \alpha) \alpha^{t - M_k}] / S & P < N \\ 0 & P = N \end{cases}$$

여기서 $I$ = 대생산일정계획 불안정성
　　　$t$ = 기간
　　　$Q_t^k$ = 계획주기 k의 t기에 계획된 생산량
　　　$M_k$ = 계획주기 k의 첫 번째 기간
　　　$N$ = 계획기간 길이
　　　$\alpha$ = 가중치 $(0 < \alpha < 1)$
　　　$S$ = 전체 계획주기 동안 총 생산횟수
　　　$P$ = 대생산일정계획의 고정기간

자료원: S. V. Sridharan, W. L. Berry, & V. Udayabhanu, "Measuring Master Production Schedule Stability Under Rolling Planning Horizons", *Decision Sciences*, vol.19, 1988, p.149.

<수식 3-1>에서 보면 각 기간에 따른 가중치는 $\alpha$에 의해 조정된다. 예를 들어 $\alpha$가 0.5인 경우에는 두 번째 기간보다 첫 번째 기간의 가중치가 2배가 된다. 따라서 먼 미래기간보다 가까운 미래기간에 훨씬 더 큰 가중치를 부여하기 위해서는 $\alpha$가 0에 가까워야 하고, 반대로 미래기간에 대한 가중치의 차이를 작게 하기 위해서는 $\alpha$가 1에 가까워야 한다.

한편 서비스수준은 대부분의 연구에서 고객의 주문량 가운데 보유재고로 충당한 수량의 비율로 측정하고 있다.

따라서 본 연구에서는 이상과 같은 문헌연구를 토대로 가장 일반적으로 활용되고 있는 관련비용, 대생산일정계획 불안정성, 서비스수준을 대생산일정계획의 성과변수로 활용할 것이다. 관련비용은 생산준비비와 재고보유비, 그리고 재고부족비로 구분하여 측정하며, 대생산일정계획 불안정성은 가중평균 변동량으로 측정한다. 본 연구에서 사용된 성과변수의 정의는 다음 〈표 3-2〉와 같다.

〈표 3-2〉 대생산일정계획 성과변수의 정의

| 변 수 | 정 의 | 자 료 원 |
|---|---|---|
| 관련 비용 | 대생산일정계획에 따른 생산준비비와 재고보유비, 그리고 재고부족비의 합 | Baker(1979)<br>Carlson et.al.(1982)<br>Chung & Krajewski(1984)<br>Sridharan et.al.(1987) |
| MPS 불안정성 | 계획 변동량의 가중합을 총변경횟수로 나누어 변경횟수당 가중 평균 변동량으로 계산 | Sridharan & LaForge(1989)<br>Sridharan & Berry(1990)<br>Zhao & Lee(1993) |
| 서비스수준 | 전체 수요량 가운데 보유재고로 충당한 수요량의 비율 | Sridharan & LaForge(1989)<br>Zhao & Lee(1993)<br>Sridharan & LaForge(1994)<br>Kadipasaoglu(1995) |

## 3. 매개변수에 관한 정의

대생산일정계획의 성과변수에 영향을 미칠 수 있는 변수는 매우 많다. 그 가운데는 본 연구의 실험변수인 완제품 및 부품의 안전재고 규모 이외에도 대생산일정계획의 고정기간(고정비율), 수요변동폭, 수요예측 오차, 예측기간, 재고보유비의 변화, 생산준비비의 변화, 재고부족비의 변화 등이 있다. 본 연구에서 사용될 매개변수들은 기존문헌에 대한 검토를 통해 추출하였으며, 이러한 변수들에 대한 정의는 다음 〈표 3-3〉과 같고, 그 범위는 〈표 3-4〉와 같다.

〈표 3-3〉 매개변수에 대한 정의

| 변 수 | 정 의 | 자 료 원 |
|---|---|---|
| 수요변동 | 불확실한 수요환경 변화에 따른 수요변동 범위 | Sridharan & LaForge(1989)<br>Sridharan & Berry(1990)<br>Zhao & Lee(1993) |
| 예측오차 | 예측수요와 실제수요의 차이 | Lin & Krajewski(1994)<br>Sridharan & LaForge(1994)<br>Kadipasaoglu(1995) |
| 고정기간 | 대생산일정계획을 재계획할 때 생산량을 변경할 수 없는 기간 | Sridharan et.al.(1987)<br>Sridharan & Berry(1990)<br>Lin & Krajewski(1992)<br>Zhao & Lee(1993)<br>Sridharan & LaForge(1994)<br>Kadipasaoglu(1995) |
| 예측기간 | 대생산일정계획을 수립할 때 예측수요 자료를 활용할 수 있는 기간 | Baker(1979)<br>Carlson et.al.(1982)<br>Sridharan et.al(1987)<br>Sridharan & LaForge(1989) |
| 재고보유비 | 재고를 보유함으로써 발생하는 비용 | Blackburn & Millen(1980, 1982)<br>Veral & LaForge(1985) |
| 생산준비비 | 생산활동 및 주문을 위한 여러 가지 준비에 소요되는 비용 | Blackburn et.al.(1986)<br>Coleman & McKnew(1991) |
| 재고부족비 | 재고가 부족하여 주문에 즉각적으로 대응하지 못함으로써 발생하는 비용 | Glasserman & Tayar(1995) |

## 4. 실험변수와 매개변수의 범위

본 연구에서 사용될 실험변수인 완제품 안전재고 규모와 부품의 안전재고 규모, 그리고 매개변수인 예측오차, 수요변동, 고정기간, 예측기간, 재고보유비, 재고부족비, 생산준비비에 대한 개념적인 정의는 이미 앞에서 살펴보았다. 따라서 여기서는 먼저 여러 가지 상황을 설정하는 데 필요한 매개변수들의 변화범위를 규정하고, 다음으로 각 상황에 따라 안전재고 규모를 변화시켰을 때 성과변수가 어떻게 달라지는가를 파악하기 위해 실험변수의 변화범위를 규정하고자 한다. 실험변수와 매개변수의 변화범위는 다음 〈표 3-4〉와 같다.

**〈표 3-4〉 실험변수 및 매개변수의 변화범위**

| 변 수 | | 범 위 |
|---|---|---|
| 실험 변수 | 완제품 안전재고 규모 | 예측오차의 표준편차와 완제품 안전재고 승수의 곱. 안전재고 규모＝$K\sigma$, $K=1, 2, 3$ |
| | 부품 안전재고 규모 | 하위로 갈수록 상품품목의 안전재고 규모의 일정비율로 변화(없음, 감소, 동일, 증가). 비율은 0.0, 0.5, 1.0, 1.5 |
| 매 개 변 수 | 수 요 변 동 | 실제수요＝예측수요＋예측오차 예측수요는 평균이 200이고, 범위가 ±50, ±100인 균등분포와 평균이 200이고 표준편차가 50, 100인 정규분포에서 난수를 이용하여 추출 |
| | 예 측 오 차 | 평균이 0이고, 표준편차가 30, 60인 정규분포에서 난수를 이용하여 추출 |
| | 고 정 기 간 | 2, 3, 4 |
| | 예 측 기 간 | 12, 16, 20 |
| | 재고보유비 | 최하위부품 재고보유비에 따라 상위품목으로 갈수록 일정비율로 증가. 비율은 1.1, 1.4, 1.7 |
| | 생산준비비 | 최하위부품 재고보유비의 300배, 500배. 상위품목으로 갈수록 그 비율이 감소 혹은 동일. 비율은 0.4, 0.7, 1.0 |
| | 재고부족비 | 최하위부품 재고보유비의 2배. 상위품목으로 갈수록 그 비율이 증가. 비율은 1.1, 1.4, 1.7 |

위의 〈표 3-4〉에 제시된 자료는 〈표 3-3〉에 제시된 문헌에서 사용한 것들을 종합적으로 정리하여 연구목적에 따라 추출한 것이다.

# 제 3 절  분석방법

본 연구에서는 여러 가지 상황에 따라 시뮬레이션을 통해 대생산일정계획을 수립하고, 각각의 대생산일정계획에 따른 성과변수의 값을 측정한다. 그리고 시뮬레이션에 필요한 예측수요와 예측오차에 대한 자료는 추정된 확률분포와 난수를 이용하여 추출하였다. 이러한 과정은 다음 〈그림 3-3〉에 나타나 있다.

시뮬레이션은 각 실험상황에 대해 300기간씩 수행하여 각 성과변수 값들을 산출하였고, 시뮬레이션 결과 값은 통계분석의 입력자료로 활용하였다. 통계분석을 하기 전에 시뮬레이션 결과자료가 통계분석을 위해 필요한 제반 가정, 즉 성과변수들에 대한 다변량정규성(multivariate normality), 각 집단별 분산·공분산 메트릭스의 동질성(homoscedasticity), 독립변수들 간의 다중공선성(multicollinearity), 종속변수 오차항 간의 독립성 및 정규성(independence and normality of error term) 등을 검증하였다. 제반 가정을 충족하는 자료를 이용하여 실험변수와 매개변수의 변환범위에 따른 성과변수의 차이를 분석하기 위해 분산분석 및 다변량분산분석을 실시하였고, 실험변수 및 여러 매개변수들 가운데 어떤 변수가 성과변수에 가장 큰 영향을 미치는가를 분석하기 위해 다중회귀분석을 실시하였다.

시뮬레이션에 사용된 변수들과 그 변환범위는 제2절의 〈표 3-4〉에 나타난 바와 같다. 따라서 본 연구에서 시뮬레이션이 수행된 상황은 각 제품구조에 따라 $31,104(=2\times4\times3\times3\times3\times3\times4\times3\times2\times2)$ 가지 경우이고, 네 가지 제품구조를 고려하면 본 연구에서 수립된 대생산일정계획과 자재소요계획은 300기간씩 총 124,416회 수립되었다.

결국 각 상황에서 시행된 시뮬레이션 결과를 입력자료로 사용한 통계분석에는 총 124,416개의 표본이 사용된다. 각 제품구조별 분석에서는 31,104개의 표본에 대해 4번의 분석을 실행하지만 모든 제품구조를 종합적으로 고려한 통계분석에서는 124,416개의 표본이 전부 사용된다.

〈그림 3-3〉 시뮬레이션 수행과정

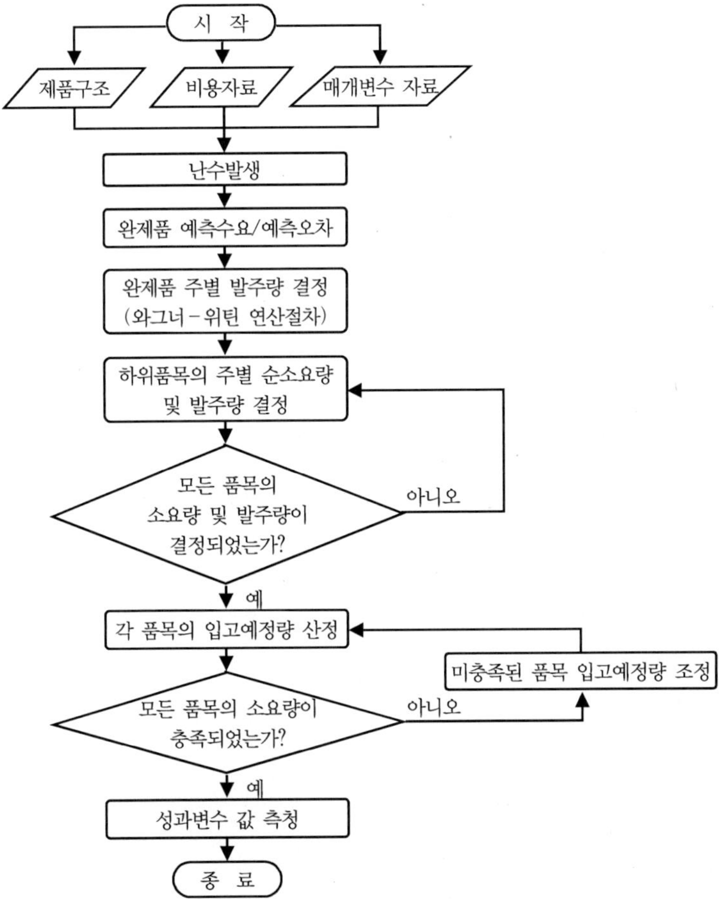

# 제4장

# 분석 결과에 대한 토의

# 제1절 시뮬레이션 진행과정 및 타당성 분석

## 1. 시뮬레이션 진행과정

본 연구에서 실행한 시뮬레이션에서 대생산일정계획을 수립하는 과정은 제3장의 〈그림 3-1〉과 같고, 이러한 과정을 통해 수립되는 대생산일정계획을 간략히 살펴보면 〈표 4-1〉과 같다. 〈표 4-1〉은 예측수요의 평균이 200이고 수요변동 폭이 ±50인 균등분포에서 난수를 통해 추출하였으며, 예측오차의 표준편차가 30, 완제품 안전재고가 30, 예측기간이 12, 고정기간이 4인 대생산일정계획을 수립하는 과정을 보여주는 것이다.

이러한 대생산일정계획을 수립하기 위해 수행하는 시뮬레이션과정을 개략적으로 설명해보면 다음과 같다.

첫째, 난수를 발생시켜 계획기간(12기간)에 대한 완제품의 예측수요를 산출한다. 첫 번째 대생산일정계획에서는 예측수요가 해당기간의 순소요량이 된다.

둘째, 순소요량과 와그너-위틴 연산절차를 이용하여 예측기간에 대한 최적 럿사이즈를 결정한다. 이때 구해진 최적 럿사이즈는 대생산일정계획에서 해당 기간의 생산계획량이 된다. 첫 번째 대생산일정계획에서는 리드타임보다 작은 기간(1~3기간)의 입고예정량은 해당기간의 생산계획량으로 가정하며, 그 이외 기간의 생산계획량은 리드타임인 3기간 전에 발주된다. 물론 두 번째 계획부터는 모든 기간의 생산계획량은 3기간 전에 발주되며, 하위부품은 리드타임을 고려하여 상위부품보다 1기간 전에 발주된다. 전기(前期) 말의 보유재고와 해당 기간의 예측수요 및 입고예정량을 토대로 기간별 재고보유량을 계산하면 해당기간에 대한 대생산일정계획이 완성된다.

셋째, 난수를 발생시켜 전기의 예측오차를 산출한다. 이때 실제수요는 예측수요와 예측오차의 합이 된다. 전기의 대생산일정계획에서는 입고예정량과 예측수요를 토대로 보유재고를 계산했다. 따라서 전기의 실제수요가 파악된 다음에 갱신되는 대생산일정계획에서는 전기의 예측오차를 고려해 보유재고를 수정해야 한다. 보유재고가 계산되고 다음 기간의 예측수요가 산출되면 각 기간별로 순소요량을 파악할 수 있다. 이때 전기의 예측오차를 반영시키기 위해 고정기간 이후에 최초로 변경 가능한 기간의 순소요량에서 전기의 예측오차를 가감한다.

넷째, 모든 기간(300기간)에 대한 대생산일정계획이 수립될 때까지 앞의 (2), (3) 과정을 반복한다.

다섯째, 대생산일정계획을 갱신하는 과정에서 대생산일정계획 불안정성 지수를 계산하고, 대생산일정계획의 수립이 완료되면 총발주 횟수와 기간별 재고보유량 및 재고부족량을 계산하여 관련비용과 서비스수준을 산출한다.

한번 수립된 대생산일정계획은 4기간이 고정되기 때문에 대생산일정계획을 갱신할 때 4기간의 생산계획량은 변경시킬 수 없다. 예를 들어 〈표 4-1〉의 두 번째 대생산일정계획을 갱신할 때는 첫 기간에 수립된 대생산일정계획의 기간 1부터 4까지는 변경시킬 수 없다. 그리고 기간 4에 계획된 생산량 412단위는 리드타임 3기간을 고려해보면 기간 7, 8의 예측수요량이다. 따라서 두 번째 대생산일정계획을 수립할 때 기간 1의 예측오차($-13$)는 기간 9의 순소요량에 반영된다. 즉 기간 9의 예측수요는 156단위이지만 기간 1의 예측오차를 반영하면 기간 9의 순소요량은 $143(=156-13)$단위가 된다. 그러므로 첫 번째 대생산일정계획에서 370단위이던 기간 6의 생산계획량이 두 번째 대생산일정계획에서는 357단위로 변경되었다. 또한 두 번째 대생산일정계획에서는 기간 13의 예측수요가 고려됨으로써 기간 8과 9의 생산계획량 또한 첫 번째 대생산일정계획과 달라졌다.

두 번째 대생산일정계획과 세 번째 대생산일정계획을 비교해보면 기간 6, 8, 9, 10의 생산계획량이 변경되었다. 이처럼 변경된 생산계획량은 제3장 제2절에 제시된 〈수식 3-1〉을 이용하여 대생산일정계획 불안정성 지수로 계산된다. 따라서 최종 대생산일정계획이 수립될 때까지 이러한 과정을 반복하여 300기간을 대상으로 수립된 대생산일정계획 불안정성을 측정한다.

### 〈표 4-1〉 시뮬레이션에서 대생산일정계획을 수립하는 예

(1) 각 기간의 예측수요 및 예측오차

| 기 간 | 1 | 2 | 3 | 4 | 5 | 6 | 7 | 8 | 9 | 10 | 11 | 12 | 13 | 14 | 15 |
|---|---|---|---|---|---|---|---|---|---|---|---|---|---|---|---|
| 예측수요 | 216 | 155 | 202 | 158 | 184 | 198 | 215 | 197 | 156 | 214 | 241 | 242 | 210 | 180 | 194 |
| 예측오차 | -13 | -16 | 19 | 21 | -1 | 0 | 0 | 21 | -31 | 15 | 36 | -34 | 16 | 49 | 38 |

(2) 첫 기간의 대생산일정계획

| 기 간 | 1 | 2 | 3 | 4 | 5 | 6 | 7 | 8 | 9 | 10 | 11 | 12 |
|---|---|---|---|---|---|---|---|---|---|---|---|---|
| 예측수요 | 216 | 155 | 202 | 158 | 184 | 198 | 215 | 197 | 156 | 214 | 241 | 242 |
| 입고예정량 | 371 | 0 | 360 | 0 | 382 | 0 | 412 | 0 | 370 | 0 | 483 | 0 |
| 보유재고 | 155 | 0 | 158 | 0 | 198 | 0 | 197 | 0 | 214 | 0 | 242 | 0 |
| 생산계획량 | 0 | 382 | 0 | 412 | 0 | 370 | 0 | 483 | 0 | 0 | 0 | 0 |

(3) 두 번째 기간의 대생산일정계획

| 기 간 | 2 | 3 | 4 | 5 | 6 | 7 | 8 | 9 | 10 | 11 | 12 | 13 |
|---|---|---|---|---|---|---|---|---|---|---|---|---|
| 예측수요 | 155 | 202 | 158 | 184 | 198 | 215 | 197 | 156 | 214 | 241 | 242 | 210 |
| 입고예정량 | 0 | 360 | 0 | 382 | 0 | 412 | 0 | 357 | 0 | 241 | 452 | 0 |
| 보유재고 | 13 | 171 | 13 | 201 | 13 | 210 | 13 | 214 | 0 | 0 | 210 | 0 |
| 생산계획량 | 382 | 0 | 412 | 0 | 357 | 0 | 241 | 452 | 0 | 0 | 0 | 0 |

(4) 세 번째 기간의 대생산일정계획

| 기 간 | 3 | 4 | 5 | 6 | 7 | 8 | 9 | 10 | 11 | 12 | 13 | 14 |
|---|---|---|---|---|---|---|---|---|---|---|---|---|
| 예측수요 | 202 | 158 | 184 | 198 | 215 | 197 | 156 | 214 | 241 | 242 | 210 | 180 |
| 입고예정량 | 360 | 0 | 382 | 0 | 412 | 0 | 341 | 0 | 483 | 0 | 380 | 0 |
| 보유재고 | 187 | 29 | 217 | 29 | 226 | 29 | 214 | 0 | 242 | 0 | 180 | 0 |
| 생산계획량 | 0 | 412 | 0 | 341 | 0 | 483 | 0 | 380 | 0 | 0 | 0 | 0 |

한편 〈표 4-1〉에서 대생산일정계획을 수립하는 과정을 보면 대생산일정계획이 갱신될 때마다 재고보유량 또한 변경된다. 따라서 300 기간의 대생산일정계획이 수립되면 매 기간의 재고보유량과 재고부족량을 계산하고 이를 토대로 재고보유비와 재고부족비 및 서비스수준을 측정한다. 그리고 마지막으로 최종적인 대생산일정계획에서 총발주횟수를 계산하여 생산준비비를 측정한다.

## 2. 자료의 타당성 분석

본 연구에서는 수요분포를 균등분포와 정규분포로 가정했기 때문에 각 기간의 예측수요에 대한 입력자료 분석은 불필요하다. 따라서 수요예측과 예측오차를 산출하기 위해 활용한 난수발생기에서 발생된 난수의 일양성 및 독립성 검정을 수행하였다. 그리고 시뮬레이션

결과자료를 이용해 통계분석을 수행하기 위해 시뮬레이션 결과자료
에 대한 타당성분석을 수행하였다.

### (1) 난수의 일양성 및 독립성 검정

본 연구에서 수요예측 및 예측오차를 산출하기 위해 난수를 이용
했는데 이때 사용된 난수발생기는 승산콩그르엔셜방법(multiplicative
congruential method)이다.[1] 이 난수발생기에 의해 발생된 난수의
일양성과 독립성을 검증하기 위해 1,000개의 난수를 발생시켰다. 먼
저 난수의 일양성을 검증하기 위해 카이스퀘어 검정을 실행하였다.
그 결과 검정통계치($\chi_0^2$)는 3.34이며, 자유도가 9이고 유의수준이 0.05
인 카이스퀘어 값은 16.9이다. 따라서 검정통계치가 카이스퀘어 값보
다 작기 때문에 본 연구에서 사용된 난수발생기에 의해 발생된 난수
가 일양분포를 이룬다는 가정을 기각할 수 없다.

그리고 난수의 독립성을 검정하기 위해서는 평균 이상 및 이하 런
(runs above and below the mean) 방식을 사용하였다. 그 결과 표
준정규분포표의 통계치($Z_0$)는 1.247이고, 유의수준이 0.05인 표준정
규분포의 임계치는 ±1.96이다. 따라서 통계치가 표준정규분포의 임계
치 내에 있으므로 본 연구에서 사용된 난수발생기에 의해 발생된 난
수는 독립성이 있다는 가설을 기각할 수 없다.

### (2) 통계분석을 위한 시뮬레이션 결과자료 분석

본 연구에서는 독립변수(실험변수와 매개변수)에 따른 대생산일정

---

1) 김재련, 「컴퓨터시뮬레이션」, 박영사, 1992, pp.155-156.

계획의 성과변수들에 유의한 차이가 있는가를 검증하기 위해 분산분석 및 다변량분산분석을 실시하였다. 그리고 독립변수들 가운데 어떤 변수가 성과변수에 유의한 영향을 미치는지를 파악하고, 각 독립변수들이 성과변수에 미치는 영향의 중요성을 평가하기 위해 다중회귀분석을 실시하였다.

이러한 통계분석을 실시하는 데 활용된 입력자료는 시뮬레이션을 통해 산출된 결과이다. 따라서 통계분석을 실시하기 전에 시뮬레이션 결과자료가 본 연구에서 실시하고자 하는 분산분석, 다변량분산분석, 다중회귀분석의 입력자료로 적합한지를 검증하기 위해 시뮬레이션 결과자료의 통계적 타당성을 검증하였다. 시뮬레이션 결과자료의 타당성 검증 결과는 〈표 4-2〉와 같다.

먼저 시뮬레이션결과 자료가 다변량분산분석의 입력자료로 활용되기 위해 필요한 제반 가정을 검증하였다. 종속변수인 성과변수들 간의 상관관계가 존재하는가는 버틀렛 검정(Bertlett's test)을 통해 검증하였고, 성과변수들의 결합분포가 다변량정규분포를 이루는지를 검증하기 위해 각 성과변수에 대한 정규성 검증을 시행하였다. 그리고 각 집단 내에서의 분산·공분산 메트릭스의 동질성은 Box's M을 산출하여 검증하였다.

한편 다중회귀분석을 실행하기 위해 독립변수들 간의 다중공선성은 상관관계 메트릭스를 통해 검증하였고, 오차항 간의 독립성 및 정규성은 더빈-왓슨 검정(Durbin-Watson test)을 통해 검증하였다. 그리고 오차항의 분산 동질성은 오차항의 예측치와 실제치를 그래프(scatter plot)에 나타내서 검증하였다.

이러한 다양한 방법을 이용한 검증 결과 본 연구에서 연구목적을 달성하기 위해 설계한 각 상황에 대한 시뮬레이션 결과는 분산분석 및 다변량분산분석과 다중회귀분석을 실행하기 위한 제반 가정을 충족시키고 있기 때문에 시뮬레이션 결과를 이용하여 분산분석과 회귀분석을 시행하였다.

〈표 4-2〉 시뮬레이션 결과자료의 타당성 검증 결과

| 통계분석 | 가 정 | 통계량 | 설 명 |
|---|---|---|---|
| 다변량 분산분석 | 종속변수의 상관관계 | 버틀렛 검정 (Bertlett's test) | 유의도가 0.000으로 종속변수 간에는 유의적인 상관관계가 존재한다. |
| | 다중정규분포성 | 개별 변수의 정규성 검정(normal plot) | 모든 변수가 정규분포를 이루고 있다. |
| | 등공분산성 | Box's M값 | 유의도가 0.237로 각 집단 내 공분산이 동일하다. |
| 회귀분석 | 다중공선성 (multicollinearity) | 상관관계 메트릭스 | 모든 독립변수 간의 상관관계가 전혀 없다. |
| | 자기상관 (autocorrelation) | 더빈-왓슨 검정 (Durbin-Watson test) | 검정 값이 1.92543으로써 더빈-왓슨 검정표의 임계치 내에 있다. |
| | 이분산성 (heteroscedasticity) | 오차항의 예측치와 실제치의 그래프 (scatter plot) | 0을 중심으로 고루 퍼져있기 때문에 오차항의 분산은 동질적이다. |

# 제 2 절  총비용에 관한 분석

본 절에서는 성과변수 가운데 하나인 대생산일정계획 총비용에 대한 실험변수 및 매개변수들의 영향을 고찰하기 위해 2단계로 구분하여 분석을 시행하였다. 총비용은 생산준비비와 재고보유비, 그리고

재고부족비의 합이다. 각 분석방법에 따른 결과를 세부적으로 살펴
보면 다음과 같다.

## 1. 총비용에 대한 분산분석 결과

본 연구에서 실험변수로 사용된 완제품 및 부품의 안전재고 규모
를 비롯한 매개변수들의 변화에 따라 성과변수인 총비용에 유의적인
차이가 있는지를 살펴보기 위해 분산분석을 시행하였다. 총비용에
대한 분산분석 결과는 〈표 4-3〉과 같다.

〈표 4-3〉을 보면 고정기간을 제외한 모든 변수들에 따라 총비용이
유의적인 차이를 보인다. 즉 예측오차, 수요변동, 예측기간, 완제품
안전재고 규모, 부품 안전재고 규모에 따라 대생산일정계획의 총비
용은 유의수준 0.05에서 유의적인 차이를 보인다. 그러나 대부분 변
수들 간의 상호작용효과는 대생산일정계획의 총비용에 유의적인 영
향을 미치지 않는다. 다만 예측오차와 완제품 안전재고 규모, 예측오
차와 부품 안전재고 규모, 수요변동과 완제품 안전재고 규모, 그리고
완제품 안전재고 규모와 부품 안전재고 규모의 상호작용효과는 대생
산일정계획의 총비용에 유의적인 영향을 미친다.

완제품과 부품의 안전재고 규모와 각 매개변수들이 총비용에 미치
는 상호작용효과를 구체적으로 살펴보면 〈표 4-4〉 및 〈그림 4-1〉부
터 〈그림 4-5〉까지와 같다. 〈표 4-4〉에는 독립변수의 각 집단별로
총비용을 측정한 구체적인 수치를 제시하고 있으며, 〈그림 4-1〉부터
〈그림 4-5〉에서는 그래프를 통해 보여주고 있다.

〈표 4-4〉는 제품구조에 따른 총비용의 변화뿐만 아니라 모든 제품

구조를 종합적으로 고려한 경우의 총비용 변화를 보여주고 있다. 그리고 〈그림 4-1〉부터 〈그림 4-5〉에서는 모든 제품구조를 종합적으로 고려했을 때 매개변수와 안전재고 규모의 변화에 따른 총비용의 변화패턴을 보여주고 있다. 따라서 본 연구에서는 개별 제품구조에 따른 총비용의 변화에 대한 설명보다는 모든 제품구조를 종합적으로 고려한 경우를 중심으로 매개변수와 실험변수가 대생산일정계획의 총비용에 미치는 상호작용효과를 설명할 것이다.

〈표 4-3〉 총비용에 대한 분산분석 결과

| 제품구조<br>변 수 | 1<br>(5 levels) | 2<br>(4 levels) | 3<br>(3 levels) | 4<br>(2 levels) | 종 합 |
|---|---|---|---|---|---|
| 예 측 오 차(A) | 0.0001 | 0.0001 | 0.0001 | 0.0001 | 0.0001 |
| 수 요 변 동(B) | 0.0001 | 0.0001 | 0.0001 | 0.0001 | 0.0001 |
| 예 측 기 간(C) | 0.0001 | 0.0001 | 0.0001 | 0.0001 | 0.0001 |
| 고 정 기 간(D) | 0.1077 | 0.3512 | 0.3469 | 0.4745 | 0.0783 |
| 완제품 안전재고(E) | 0.0001 | 0.0001 | 0.0001 | 0.0001 | 0.0001 |
| 부품 안전재고(F) | 0.0001 | 0.0001 | 0.0001 | 0.0001 | 0.0001 |
| A*B | 0.2577 | 0.2180 | 0.3936 | 0.6204 | 0.1081 |
| A*C | 0.2985 | 0.1859 | 0.2225 | 0.2724 | 0.0885 |
| A*D | 0.9935 | 0.9783 | 0.9836 | 0.9899 | 0.9799 |
| A*E | 0.0001 | 0.0001 | 0.0001 | 0.0001 | 0.0001 |
| A*F | 0.0001 | 0.0001 | 0.0001 | 0.0001 | 0.0001 |
| B*C | 0.4648 | 0.1794 | 0.3063 | 0.4408 | 0.1028 |
| B*D | 1.0000 | 0.9991 | 0.9984 | 0.9995 | 0.9985 |
| B*E | 0.1826 | 0.1066 | 0.2397 | 0.4473 | 0.0218 |
| B*F | 0.1558 | 0.5382 | 0.9080 | 0.9980 | 0.2262 |
| C*D | 0.8129 | 0.9829 | 0.9825 | 0.9599 | 0.8534 |
| C*E | 0.8067 | 0.6072 | 0.6335 | 0.6839 | 0.4444 |
| C*F | 0.9663 | 0.9967 | 0.9967 | 0.9991 | 0.9656 |
| D*E | 0.9997 | 0.9999 | 0.9999 | 1.0000 | 0.9995 |
| D*F | 0.9915 | 1.0000 | 1.0000 | 1.0000 | 0.9985 |
| E*F | 0.0001 | 0.0001 | 0.0001 | 0.0001 | 0.0001 |

〈표 4-4〉 총비용에 대한 안전재고 규모와 매개변수의 상호작용효과

(단위: 10,000)

| 제품구조 | 부품안전재고 | 예측오차 | | 수요변동* | | | | 고정기간 | | | 예측기간 | | | 완제품 안전재고 | | |
|---|---|---|---|---|---|---|---|---|---|---|---|---|---|---|---|---|
| | | 30 | 60 | U50 | U100 | N50 | N100 | 2 | 3 | 4 | 12 | 16 | 20 | 1 | 2 | 3 |
| 1 | 0.0 | 575 | 820 | 724 | 716 | 677 | 672 | 686 | 695 | 710 | 704 | 694 | 694 | 716 | 688 | 688 |
| | 0.5 | 538 | 741 | 656 | 649 | 631 | 623 | 630 | 638 | 651 | 645 | 637 | 636 | 656 | 619 | 644 |
| | 1.0 | 565 | 805 | 699 | 691 | 682 | 667 | 676 | 685 | 693 | 688 | 683 | 683 | 601 | 669 | 785 |
| | 1.5 | 766 | 1,221 | 1,008 | 1,001 | 991 | 976 | 986 | 995 | 1,001 | 996 | 993 | 993 | 730 | 984 | 1,268 |
| 2 | 0.0 | 370 | 462 | 430 | 424 | 408 | 401 | 411 | 417 | 420 | 417 | 415 | 415 | 420 | 411 | 416 |
| | 0.5 | 366 | 454 | 422 | 414 | 407 | 397 | 405 | 411 | 414 | 412 | 410 | 409 | 406 | 402 | 423 |
| | 1.0 | 381 | 489 | 447 | 438 | 434 | 420 | 431 | 436 | 438 | 436 | 434 | 434 | 398 | 428 | 479 |
| | 1.5 | 429 | 590 | 521 | 513 | 509 | 495 | 506 | 510 | 512 | 510 | 509 | 509 | 426 | 504 | 598 |
| 3 | 0.0 | 546 | 664 | 624 | 613 | 598 | 585 | 599 | 605 | 611 | 607 | 604 | 604 | 605 | 599 | 611 |
| | 0.5 | 545 | 663 | 621 | 609 | 602 | 584 | 599 | 604 | 609 | 606 | 603 | 603 | 591 | 594 | 627 |
| | 1.0 | 566 | 712 | 657 | 644 | 639 | 617 | 634 | 640 | 643 | 641 | 638 | 638 | 589 | 630 | 699 |
| | 1.5 | 614 | 812 | 730 | 717 | 713 | 691 | 708 | 713 | 717 | 714 | 712 | 712 | 616 | 706 | 818 |
| 4 | 0.0 | 340 | 411 | 386 | 378 | 373 | 364 | 372 | 374 | 379 | 376 | 375 | 375 | 372 | 371 | 382 |
| | 0.5 | 341 | 414 | 388 | 380 | 377 | 365 | 375 | 377 | 381 | 379 | 377 | 377 | 367 | 372 | 394 |
| | 1.0 | 356 | 450 | 414 | 405 | 403 | 390 | 401 | 403 | 406 | 404 | 403 | 403 | 370 | 397 | 442 |
| | 1.5 | 387 | 513 | 460 | 452 | 450 | 437 | 448 | 450 | 453 | 451 | 450 | 450 | 388 | 445 | 517 |
| 종합 | 0.0 | 458 | 589 | 541 | 533 | 514 | 505 | 517 | 523 | 530 | 526 | 522 | 522 | 529 | 517 | 524 |
| | 0.5 | 447 | 568 | 522 | 513 | 504 | 492 | 502 | 508 | 514 | 510 | 507 | 506 | 505 | 497 | 522 |
| | 1.0 | 467 | 614 | 554 | 545 | 539 | 524 | 536 | 541 | 545 | 542 | 540 | 539 | 489 | 531 | 601 |
| | 1.5 | 549 | 784 | 680 | 671 | 666 | 650 | 662 | 667 | 671 | 668 | 666 | 666 | 540 | 660 | 800 |
| 평균 | | 480 | 639 | 574 | 565 | 556 | 543 | 554 | 560 | 565 | 562 | 559 | 558 | 516 | 551 | 612 |

*: U50, U100 – 수요의 평균이 200이고 변동 폭이 ±50, ±100인 균등분포.
　 N50, N100 – 수요의 평균이 200이고 표준편차가 50, 100인 정규분포.

〈표 4-4〉를 보면 모든 제품구조를 종합적으로 고려했을 경우에는 완제품의 안전재고 규모가 1이고(예측오차의 표준편차와 같은 경우), 하위부품의 안전재고 규모가 상위품목의 안전재고 규모와 동일할 때 총비용이 가장 적게 소요된다. 그리고 개별 제품구조별로 살펴보아도 제품구조 4를 제외한 제품구조 1, 2, 3의 경우에는 종합적

인 결과와 동일하다. 그러나 제품구조 4의 경우에는 완제품 안전재고 규모는 예측오차 표준편차와 동일하고, 하위부품의 안전재고 규모가 상위품목의 절반 정도일 때 총비용이 가장 적게 소요된다. 제품구조 4가 제품구조 1, 2, 3과 다른 결과를 보이는 이유는 제품구조 4는 2개의 계층으로 이루어져 있기 때문이다. 즉 다른 제품구조는 3, 4, 5개의 계층으로 이루어져 있기 때문에 리드타임과 고정기간에 따른 불확실성의 증가로 인해 부품의 안전재고를 보다 많이 필요로 하지만 제품구조 4는 2개의 계층으로 이루어져 있기 때문에 불확실성이 매우 낮아 부품에 대한 안전재고의 필요성이 더 적다.

결국 본 연구에서 사용한 제품구조와 비용구조하에서 총비용의 관점에서 보면 완제품의 안전재고를 예측오차의 표준편차만큼 보유하고, 하위부품의 안전재고도 동일한 수준으로 보유할 때 총비용이 가장 적게 소요된다. 그러나 완제품의 안전재고 규모가 예측오차의 표준편차보다 큰 경우에는 하위부품의 안전재고 규모를 상위품목의 절반 정도로 보유할 때 총비용이 가장 적게 소요된다. 물론 제품구조에 따라서 약간 차이를 보이지만 종합적으로 고려해보면 완제품 안전재고 규모가 증가할수록 부품의 안전재고 규모는 더 작게 필요하게 된다. 따라서 기존연구에서 제시한 것처럼 대생산일정계획 수준에서 완제품에 대한 안전재고만을 보유하는 것보다는 완제품뿐만 아니라 부품에 대한 안전재고를 동시에 보유할 때 총비용이 가장 적게 소요된다.

한편 예측오차가 크고, 고정기간이 길고, 예측기간이 짧은 경우에 총비용이 더 많이 소요되지만 수요변동 폭이 큰 경우보다 수요변동 폭이 작은 경우에 더 많은 비용이 소요된다. 이는 예측수요를 균등분포에서 추출한 경우와 정규분포에서 추출한 경우 모두 동일하다. 그 이유는 다음 그래프를 보면서 구체적으로 설명할 것이다.

〈그림 4-1〉 부품 안전재고 규모와 예측오차 변화에 따른 총비용의 변화

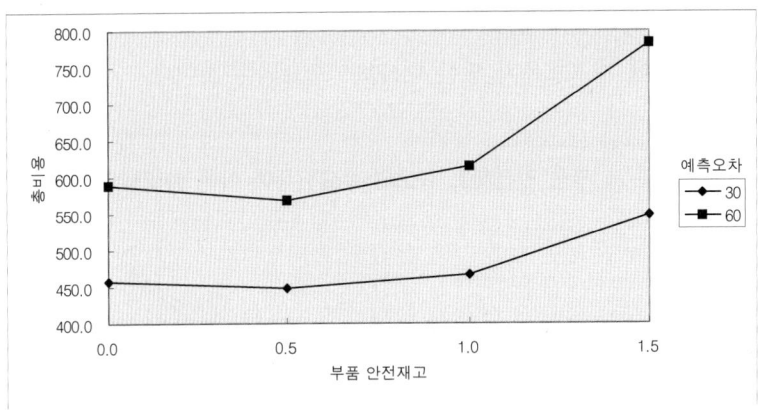

〈그림 4-1〉을 보면 부품의 안전재고 규모와 관계없이 예측오차가 작은 경우보다 큰 경우에 총비용이 더 많이 소요된다. 그리고 부품의 안전재고 규모가 상위품목의 안전재고 규모보다 더 큰 경우에는 총비용이 급격하게 증가할 뿐만 아니라 예측오차에 따른 총비용의 차이 또한 매우 커진다. 이는 부품의 안전재고 규모가 상위품목의 안전재고 규모보다 더 많으면 재고보유비가 급격하게 증가하기 때문이다. 즉 부품의 안전재고 규모가 상위품목의 안전재고 규모보다 더 커지면 부품의 재고보유량이 증가하는 반면에 부품의 재고부족이 발생할 가능성은 매우 작아진다. 그러나 부품의 안전재고 규모가 상위품목의 0.5배인 경우에 총비용은 가장 적게 소요된다. 즉 부품의 안전재고 규모가 증가할수록 재고보유비는 증가하지만 재고부족비는

급격히 감소한다. 따라서 두 개의 비용요소를 합한 총비용은 부품
안전재고 규모의 증가에 따라 곡선의 형태를 보인다.

한편 예측오차가 작은 경우보다 큰 경우에 재고부족비가 더 많이
소요된다. 특정 기간에 재고부족이 발생하면 대생산일정계획을 갱신
할 때는 전기의 재고부족을 충당하기 위해 더 많은 양을 발주해야
하기 때문에 재고보유비 또한 더 많이 소요되는 것이다.

〈그림 4-2〉 부품 안전재고 규모와 수요변동에 따른 총비용의 변화

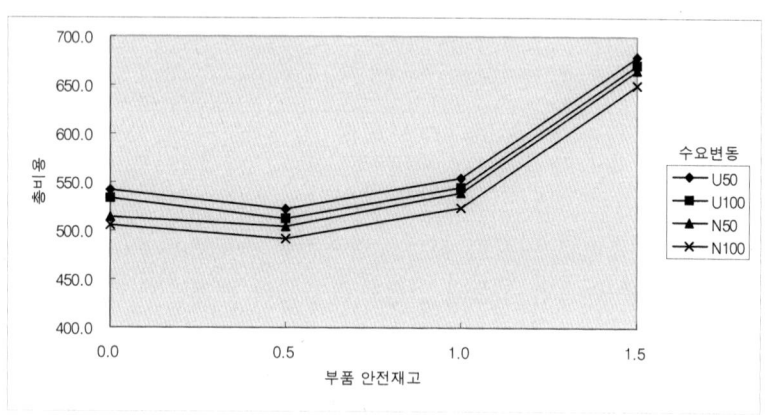

〈그림 4-2〉를 보면 모든 수요분포에서 부품의 안전재고 규모가 0.5
일 때 총비용이 가장 적게 소요되고, 부품의 안전재고 규모가 그 이
상일 때는 총비용이 급격히 증가한다. 안전재고 규모의 증가가 재고
보유비를 증가시키기 때문에 이러한 관계는 당연하다고 할 수 있다.

그러나 수요변동 폭이 큰 경우보다 작은 경우에 총비용은 오히려
증가한다. 이러한 현상은 인지적인 생각과는 반대의 결과이다. 하지
만 이러한 결과는 본 연구에서 안전재고를 고려하고 있기 때문이다.

완제품과 부품의 안전재고를 동시에 보유하는 경우에 수요변동 폭이 다르더라도 재고부족이 발생할 가능성은 비슷하지만 재고보유량은 달라지기 때문이다. 예를 들어 안전재고를 보유하지 않고 수요변동 폭이 큰 경우에 수요가 평균보다 크게 발생하면 재고부족이 발생할 가능성 또한 높다. 그러나 수요변동 폭인 큰 경우에 안전재고를 보유하면 재고부족 발생가능성이 줄어들게 된다. 즉 수요변동 폭이 클 때 수요가 평균보다 매우 적게 발생하여 재고보유량이 안전재고 규모 이상으로 증가하면 다음 기간에 발주량을 줄여 재고보유량을 감소시키기 때문에 수요변동 폭이 작아 과다 재고를 발생시키지 않는 경우보다 수요변동 폭이 큰 경우에 재고보유비를 줄이는 효과가 있다.

**〈그림 4-3〉 부품 안전재고 규모와 고정기간 변화에 따른 총비용의 변화**

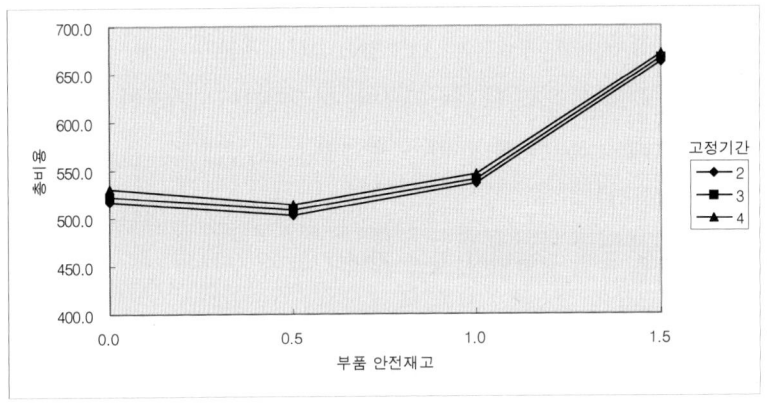

〈그림 4-3〉을 보면 고정기간이 증가할수록 총비용은 비례적으로 증가한다. 이러한 이유는 고정기간에 관계없이 재고보유비는 동일하지만 고정기간이 길수록 재고부족비가 증가하기 때문이다.

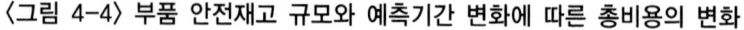

〈그림 4-4〉 부품 안전재고 규모와 예측기간 변화에 따른 총비용의 변화

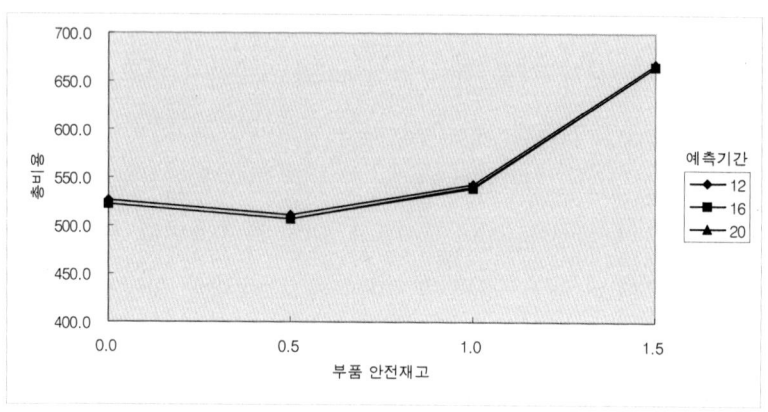

〈그림 4-4〉를 보면 예측기간이 길수록 총비용은 감소하지만 그 차이는 매우 작다. 본 연구에서는 완제품의 리드타임이 3기간이고, 각 부품의 리드타임이 1기간이다. 제품구조에서 계층이 가장 많은 제품구조 1의 경우 5개 계층으로 이루어져 있기 때문에 제품 전체의 리드타임은 8기간이라고 할 수 있으며, 고정기간이 4기간인 경우에도 12기간 후에는 수요변화에 따라 발주량을 조정할 수 있을 것이다. 따라서 계획기간이 12기간 이상인 경우에 계획기간에 따른 총비용의 차이가 별로 크게 나타나지 않는 것이다.

〈그림 4-5〉를 보면 부품 및 완제품 안전재고 규모의 차이에 따라 이들 변수가 총비용에 미치는 상호작용효과는 서로 다른 패턴을 보인다.

〈그림 4-5〉 부품 및 완제품 안전재고 규모 변화에 따른 총비용의 변화

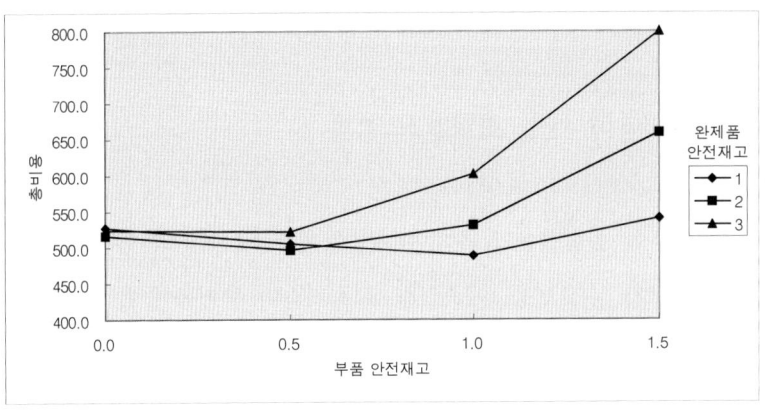

완제품 안전재고 규모가 예측오차 표준편차와 동일한 경우에는 부품의 안전재고 규모가 상위품목의 안전재고 규모와 동일할 때 총비용이 가장 적게 소요된다. 그러나 완제품 안전재고 규모가 예측오차 표준편차의 2배 이상인 경우에는 부품의 안전재고 규모가 상위품목 안전재고 규모의 0.5배일 때 총비용이 가장 적게 소요된다. 한편 부품의 안전재고를 전혀 보유하지 않을 경우에는 완제품 안전재고를 예측오차 표준편차의 2배 정도 보유할 때 총비용이 가장 적게 소요된다. 결국 본 연구에서 사용된 제품구조와 비용구조하에서는 완제품 안전재고를 예측오차 표준편차와 동일하게 보유하고, 부품 안전재고 규모 또한 이와 동일하게 보유할 때 총비용이 가장 적게 소요됨을 알 수 있다.

또한 완제품 안전재고 규모에 따라 비용을 최소화시키는 부품 안전재고 규모가 달라진다. 만일 완제품 안전재고 규모가 크면 부품 안전재고 규모는 상위품목의 0.5배 정도 보유하고, 완제품 안전재고

규모가 작으면 부품 안전재고 규모는 완제품 안전재고 규모와 동일
한 수준으로 보유할 때 총비용이 최소화된다.

## 2. 총비용에 대한 회귀분석 결과

본 연구의 실험변수와 매개변수인 완제품 및 부품의 안전재고 규
모, 예측오차, 수요변동, 예측기간, 고정기간이 총비용에 유의적인 영
향을 미치는지, 유의적인 영향을 미친다면 어떤 변수가 총비용에 가
장 큰 영향을 미치는지를 알아보기 위해 다중회귀분석을 시행하였다.
독립변수 가운데 수요변동은 명목척도로 전환하여 더미변수를 사용
하였다. 총비용에 대한 다중회귀분석 결과는 다음 〈표 4-5〉와 같다.

〈표 4-5〉 총비용에 대한 다중회귀분석 결과

| 변 수 | 회귀계수 | 표준회귀계수 | 유의도 | 다중회귀모델의 통계량 | |
|---|---|---|---|---|---|
| 예 측 오 차 | 52851.87 | .3034 | .0000 | | |
| 수요변동 (D1) | 314494.07 | .0521 | .0000 | $R^2$ | 0.15601 |
| 수요변동 (D2) | 224925.38 | .0372 | .0000 | | |
| 수요변동 (D3) | 130109.45 | .0215 | .0000 | 조정된 $R^2$ | 0.15596 |
| 예 측 기 간 | -4089.41 | -.0051 | .0497 | | |
| 고 정 기 간 | 53583.04 | .0167 | .0000 | F | 2874.58 |
| 완제품 안전재고 | 480492.77 | .1501 | .0000 | | |
| 부품 안전재고 | 924254.53 | .1977 | .0000 | 유의도 | 0.00000 |
| 상 수 항 | 1300399.76 | | .0000 | | |

총비용을 종속변수로, 실험변수와 매개변수를 독립변수로 투입하여
구성된 다중회귀식의 설명력은 15.596%이고, 다중회귀식에 대한 유의

도가 0.000으로 유의수준 0.05에서 통계적으로 유의하기 때문에 이 회귀식에 의해 산출된 통계량은 의미 있는 것으로 해석할 수 있다.

각 독립변수의 유의도를 보면 모두 0.05 이하로서 모든 독립변수들이 총비용에 유의적인 영향을 미친다. 그 가운데 예측오차의 표준회귀계수가 0.3034로서 가장 높고, 부품 안전재고와 완제품 안전재고가 0.1977과 0.1501로서 그 다음으로 높다. 따라서 예측오차와 완제품 및 부품 안전재고 규모가 총비용에 가장 큰 영향을 미치는 변수이다.

예측오차가 총비용에 가장 큰 영향을 미치는 이유는 예측오차에 의해 안전재고 규모가 결정되기 때문이다. 즉 완제품 안전재고 규모는 예측오차의 표준편차와 안전재고 승수를 곱한 값이고, 부품의 안전재고 규모는 상위품목의 안전재고 규모에 부품의 안전재고 승수를 곱한 값이다. 따라서 예측오차가 증가하면 안전재고 규모가 증가하여 재고보유비가 증가하고, 결국 총비용이 증가하게 된다.

한편 예측오차, 수요변동, 고정기간, 완제품 및 부품의 안전재고 규모는 총비용에 정의 영향을 미치지만 예측기간은 총비용에 부의 영향을 미친다. 다시 말해 예측기간과 총비용은 반비례관계를 보이지만 나머지 독립변수들은 총비용과 비례관계를 보인다. 이러한 결과는 앞의 〈표 4-4〉, 〈그림 4-1〉부터 〈그림 4-5〉에서 살펴본 바와 동일하다.

# 제 3 절   대생산일정계획 불안정성에 관한 분석

본 절에서는 성과변수 가운데 하나인 대생산일정계획 불안정성에 대한 실험변수 및 매개변수들의 영향을 고찰하기 위해 2단계로 구분하여 분석을 실시하였다. 대생산일정계획 불안정성은 주기적으로 대생산일정계획을 갱신할 때 기존의 계획이 평균적으로 얼마만큼씩 변경되는지를 가중치를 부과하여 측정한 것이다. 각 분석방법에 따른 결과를 세부적으로 살펴보면 다음과 같다.

## 1. 대생산일정계획 불안정성에 대한 분산분석 결과

본 연구에서 실험변수로 사용된 완제품 및 부품의 안전재고 규모를 비롯한 매개변수들의 변화에 따라 성과변수인 대생산일정계획 불안정성에 유의적인 차이가 있는지를 살펴보기 위해 분산분석을 시행하였다. 대생산일정계획 불안정성에 대한 분산분석 결과는 〈표 4-6〉과 같다.

〈표 4-6〉을 보면 모든 독립변수에 따라 대생산일정계획 불안정성은 유의적인 차이를 보인다. 그리고 대생산일정계획 불안정성에 대한 각 독립변수들 간의 상호작용효과는 몇몇 경우에만 유의적인 차이를 보일 뿐 대부분의 경우에는 유의적인 차이를 보이지 않는다.

예측오차, 수요변동, 예측기간, 고정기간, 완제품 안전재고 규모와 부품 안전재고 규모에 따라 대생산일정계획 불안정성은 유의적인 차이를 보인다. 그러나 한 가지 흥미 있는 사실은 개별 제품구조에 대해 살펴보았을 때는 완제품 안전재고 규모에 따라 대생산일정계획 불안정성에 유의적인 차이가 없지만 전체 제품구조를 종합적으로 고려했을 때에는 완제품 안전재고 규모에 따라 대생산일정계획 불안정성에 유의적인 차이를 보인다는 점이다. 즉 전체 제품구조를 종합적으로 고려하면 완제품 안전재고 규모가 클수록 대생산일정계획 불안정성이 증가한다. 그 이유는 〈표 4-7〉을 보면 쉽게 이해할 수 있다. 개별 제품구조별로 살펴보면 완제품 안전재고 규모가 커질수록 대생산일정계획 불안정성은 약간씩 증가하는 경향을 보이지만 그 증가폭이 매우 작기 때문에 통계적으로 유의한 차이를 보이지 않는다. 그러나 모든 제품구조를 종합해서 보면 개별 제품구조에서의 작은 차이들이 더해져서 결국 통계적으로 유의한 차이를 보이는 것이다.

〈표 4-6〉 MPS 불안정성에 대한 분산분석 결과

| 변 수 \ 제품구조 | 1 (5 levels) | 2 (4 levels) | 3 (3 levels) | 4 (2 levels) | 종 합 |
|---|---|---|---|---|---|
| 예측오차(A) | 0.0001 | 0.0001 | 0.0001 | 0.0001 | 0.0001 |
| 수요변동(B) | 0.0001 | 0.0001 | 0.0001 | 0.0001 | 0.0001 |
| 예측기간(C) | 0.0001 | 0.0001 | 0.0001 | 0.0001 | 0.0001 |
| 고정기간(D) | 0.0001 | 0.0001 | 0.0001 | 0.0001 | 0.0001 |
| 완제품 안전재고(E) | 0.4771 | 0.3056 | 0.3487 | 0.2500 | 0.0175 |
| 부품 안전재고(F) | 0.0001 | 0.0001 | 0.0001 | 0.0001 | 0.0001 |
| A*B | 0.5148 | 0.5185 | 0.4921 | 0.4533 | 0.0338 |
| A*C | 0.0001 | 0.0001 | 0.0001 | 0.0001 | 0.0001 |
| A*D | 0.0001 | 0.0578 | 0.2912 | 0.4506 | 0.0001 |
| A*E | 0.9853 | 0.9870 | 0.9746 | 0.9384 | 0.9039 |
| A*F | 0.7663 | 0.7933 | 0.8809 | 0.8088 | 0.3351 |
| B*C | 0.0001 | 0.0001 | 0.0001 | 0.0001 | 0.0001 |
| B*D | 0.8479 | 0.0109 | 0.0129 | 0.0742 | 0.0001 |
| B*E | 1.0000 | 1.0000 | 1.0000 | 1.0000 | 1.0000 |
| B*F | 1.0000 | 1.0000 | 1.0000 | 1.0000 | 0.9999 |
| C*D | 0.0001 | 0.0001 | 0.0001 | 0.0001 | 0.0001 |
| C*E | 0.9818 | 0.9546 | 0.9635 | 0.9311 | 0.6739 |
| C*F | 0.0720 | 0.0420 | 0.2055 | 0.1211 | 0.0001 |
| D*E | 0.9999 | 0.9998 | 0.9999 | 0.9999 | 0.9986 |
| D*F | 0.9963 | 0.9980 | 0.9998 | 0.9999 | 0.9753 |
| E*F | 0.9902 | 0.9798 | 0.9904 | 0.9826 | 0.7365 |

완제품 및 부품의 안전재고 규모와 각 매개변수들이 대생산일정계획 불안정성에 미치는 상호작용효과를 구체적으로 살펴보면 〈표 4-7〉 및 〈그림 4-6〉부터 〈그림 4-10〉까지와 같다. 〈표 4-7〉에는 독립변수의 각 집단별로 대생산일정계획 불안정성을 측정한 구체적인 수치를 제시하고 있으며, 〈그림 4-6〉부터 〈그림 4-10〉에는 그래프를 통해 보여주고 있다.

**〈표 4-7〉 MPS 불안정성에 대한 안전재고 규모와 매개변수의 상호작용효과**

| 제품구조 | 부품안전재고 | 예측오차 | | 수요변동 | | | | 고정기간 | | | 예측기간 | | | 완제품 안전재고 | | |
|---|---|---|---|---|---|---|---|---|---|---|---|---|---|---|---|---|
| | | 30 | 60 | U50 | U100 | N50 | N100 | 2 | 3 | 4 | 12 | 16 | 20 | 1 | 2 | 3 |
| 1 | 0.0 | 8.02 | 10.29 | 10.51 | 9.04 | 8.97 | 8.09 | 15.43 | 7.95 | 4.09 | 10.70 | 8.62 | 8.14 | 9.15 | 9.15 | 9.15 |
| | 0.5 | 8.05 | 10.34 | 10.55 | 9.08 | 9.01 | 8.14 | 15.50 | 7.98 | 4.10 | 10.75 | 8.66 | 8.18 | 9.16 | 9.19 | 9.23 |
| | 1.0 | 8.29 | 10.68 | 10.82 | 9.38 | 9.28 | 8.46 | 16.00 | 8.23 | 4.23 | 11.07 | 8.94 | 8.44 | 9.38 | 9.51 | 9.57 |
| | 1.5 | 8.43 | 10.86 | 11.03 | 9.53 | 9.43 | 8.60 | 16.26 | 8.37 | 4.31 | 11.28 | 9.09 | 8.57 | 9.58 | 9.66 | 9.69 |
| 2 | 0.0 | 8.32 | 10.54 | 10.99 | 9.40 | 9.07 | 8.26 | 15.95 | 8.15 | 4.18 | 10.87 | 8.92 | 8.49 | 9.43 | 9.43 | 9.43 |
| | 0.5 | 8.37 | 10.63 | 11.05 | 9.48 | 9.14 | 8.34 | 16.08 | 8.21 | 4.21 | 10.95 | 9.00 | 8.56 | 9.44 | 9.51 | 9.56 |
| | 1.0 | 8.66 | 11.02 | 11.37 | 9.81 | 9.46 | 8.72 | 16.65 | 8.51 | 4.36 | 11.33 | 9.32 | 8.87 | 9.70 | 9.87 | 9.95 |
| | 1.5 | 8.83 | 11.24 | 11.63 | 10.00 | 9.64 | 8.87 | 16.99 | 8.66 | 4.45 | 11.56 | 9.50 | 9.04 | 9.94 | 10.05 | 10.11 |
| 3 | 0.0 | 11.77 | 14.05 | 15.08 | 13.07 | 12.37 | 11.11 | 21.94 | 11.17 | 5.62 | 14.45 | 12.35 | 11.92 | 12.91 | 12.91 | 12.91 |
| | 0.5 | 11.86 | 14.19 | 15.19 | 13.19 | 12.49 | 11.24 | 22.15 | 11.26 | 5.67 | 14.58 | 12.47 | 12.03 | 12.95 | 13.03 | 13.10 |
| | 1.0 | 12.13 | 14.53 | 15.48 | 13.51 | 12.78 | 11.55 | 22.66 | 11.52 | 5.80 | 14.91 | 12.76 | 12.31 | 13.19 | 13.36 | 13.44 |
| | 1.5 | 12.26 | 14.71 | 15.68 | 13.68 | 12.91 | 11.67 | 22.93 | 11.66 | 5.87 | 15.10 | 12.91 | 12.45 | 13.39 | 13.50 | 13.57 |
| 4 | 0.0 | 10.13 | 12.31 | 12.98 | 11.34 | 10.69 | 9.87 | 19.00 | 9.82 | 4.84 | 12.39 | 10.78 | 10.48 | 11.22 | 11.22 | 11.22 |
| | 0.5 | 10.24 | 12.47 | 13.10 | 11.46 | 10.84 | 10.02 | 19.25 | 9.92 | 4.90 | 12.54 | 10.92 | 10.61 | 11.27 | 11.36 | 11.44 |
| | 1.0 | 10.49 | 12.79 | 13.39 | 11.77 | 11.10 | 10.29 | 19.74 | 10.16 | 5.02 | 12.85 | 11.19 | 10.88 | 11.49 | 11.68 | 11.75 |
| | 1.5 | 10.60 | 12.99 | 13.60 | 11.94 | 11.22 | 10.40 | 20.01 | 10.27 | 5.10 | 13.03 | 11.33 | 11.02 | 11.68 | 11.81 | 11.88 |
| 종합 | 0.0 | 9.56 | 11.80 | 12.39 | 10.71 | 10.28 | 9.33 | 18.08 | 9.27 | 4.68 | 12.10 | 10.17 | 9.76 | 10.68 | 10.68 | 10.68 |
| | 0.5 | 9.63 | 11.91 | 12.47 | 10.80 | 10.37 | 9.43 | 18.24 | 9.35 | 4.72 | 12.20 | 10.26 | 9.85 | 10.70 | 10.77 | 10.83 |
| | 1.0 | 9.89 | 12.25 | 12.77 | 11.12 | 10.66 | 9.75 | 18.76 | 9.60 | 4.85 | 12.54 | 10.55 | 10.13 | 10.94 | 11.11 | 11.18 |
| | 1.5 | 10.03 | 12.45 | 12.99 | 11.29 | 10.80 | 9.88 | 19.04 | 9.74 | 4.93 | 12.74 | 10.71 | 10.27 | 11.15 | 11.26 | 11.31 |
| 평 균 | | 9.78 | 12.10 | 12.65 | 10.98 | 10.53 | 9.60 | 18.53 | 9.49 | 4.80 | 12.40 | 10.42 | 10.00 | 10.87 | 10.95 | 11.00 |

　모든 상황에서 완제품 안전재고 규모의 변화에 따라 대생산일정계획 불안정성에는 차이가 없지만 부품의 안전재고 규모와 대생산일정계획 불안정성은 비례관계를 보인다. 한편 예측오차가 작을수록, 수요변동이 클수록, 고정기간이 길수록, 예측기간이 길수록 대생산일정계획 불안정성이 개선된다. 예를 들어 〈표 4-7〉에서 예측오차의 표준편차가 30인 경우보다 60인 경우에 대생산일정계획의 불안정성이 더 높고, 균등분포와 정규분포 모두 수요변동 폭이 적은 경우에 대생산일정계획 불안정성이 크며, 정규분포인 경우보다 균등분포인 경우에 대생산일정계획 불안정성이 더 크다. 이에 대한 설명은 〈그림 4-6〉부터 〈그림 4-10〉까지를 보면서 구체적으로 할 것이다.

〈그림 4-6〉 부품 안전재고 규모와 예측오차 변화에 따른 MPS 불안정성 변화

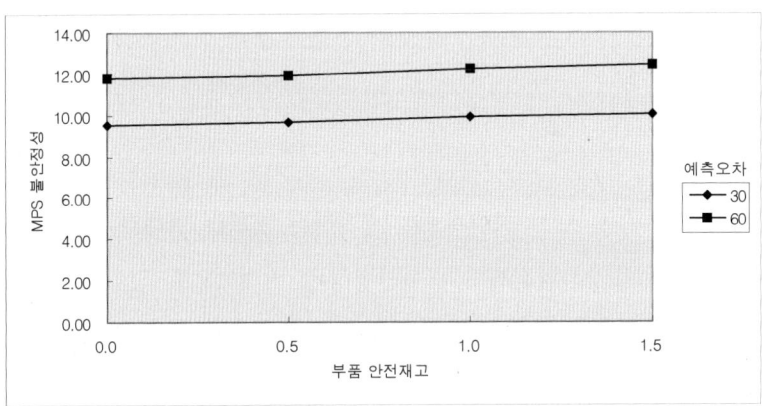

　〈그림 4-6〉을 보면 부품의 안전재고 규모와 대생산일정계획 불안정성은 비례관계를 보인다. 각 부품에 대한 발주량은 완제품의 발주량에 따라 변경될 뿐만 아니라 부품의 안전재고 규모에 따라서도 변

경되기 때문에 부품의 안전재고 규모가 증가할수록 대생산일정계획
의 불안정성이 증가하게 된다. 그리고 예측오차가 작을수록 대생산
일정계획 불안정성은 감소한다. 예측오차가 크면 예측수요에 의해
수립된 대생산일정계획은 재계획 시 실제수요를 반영하여 수정되어
야 하기 때문에 대생산일정계획 불안정성이 높아지게 된다.

〈그림 4-7〉 부품 안전재고 규모와 수요변동에 따른 MPS 불안정성 변화

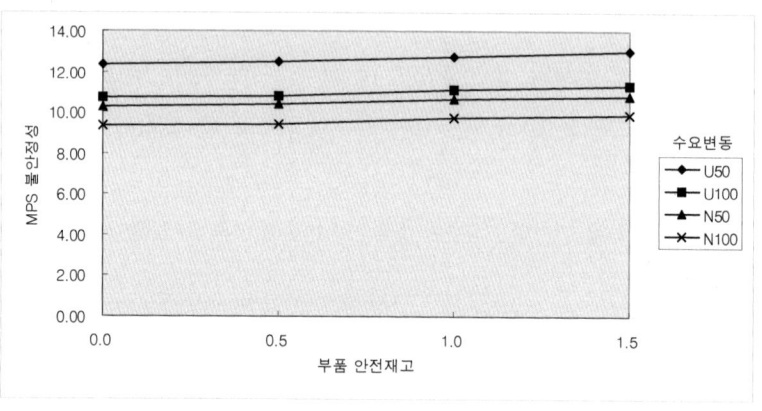

〈그림 4-7〉을 보면 직관적으로 생각하는 것과는 반대로 수요변동
이 클수록 대생산일정계획의 불안정성은 비례적으로 낮아진다. 그
이유는 연동스케줄과 대생산일정계획 고정방법을 사용하기 때문이
다. 수요변동이 작은 경우에는 연동스케줄과 고정방법의 효과가 미
약하지만 수요변동이 큰 경우에는 그 효과 또한 매우 크게 나타난
다. 예를 들어 수요변동이 큰 경우보다 수요변동이 작은 경우에 재
고보유량이 더 많다. 수요변동이 작은 경우에는 대생산일정계획을
갱신할 때 과도한 재고보유를 억제하기 위해 기존의 생산계획량을

줄여야 하는 경우가 자주 발생하지만 수요변동이 큰 경우에는 과도
한 양의 재고를 보유할 가능성이 적기 때문에 이에 따른 생산계획량
의 조정횟수가 수요변동이 작은 경우보다 덜 발생한다. 반면에 일정
량의 안전재고를 보유함으로써 수요변동에 따른 재고부족 발생가능
성은 별 차이가 없다. 따라서 수요변동 폭이 작은 경우보다 큰 경우
에 대생산일정계획 불안정성은 감소하게 된다.

〈그림 4-8〉 부품 안전재고 규모와 고정기간 변화에 따른 MPS 불안정성 변화

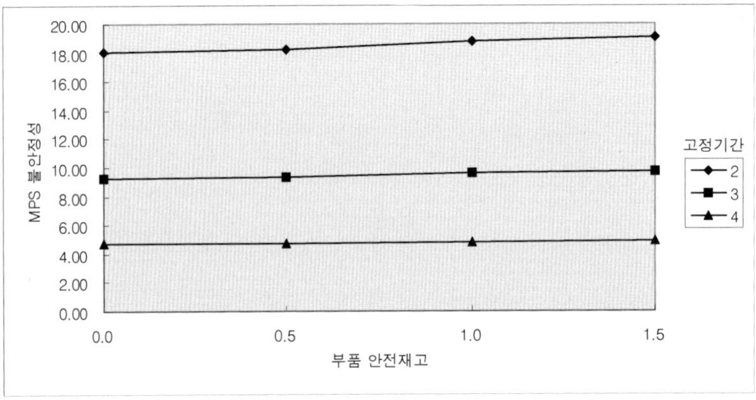

〈그림 4-8〉을 보면 고정기간이 길수록 대생산일정계획 불안정성은
급격하게 감소한다. 이는 고정기간이 길어지면 고정기간이 짧은 경
우보다 재계획 시 변경 가능한 기간이 감소하여 한번 수립된 대생산
일정계획을 변경하는 횟수가 감소하기 때문이다.

〈그림 4-9〉를 보면 예측기간이 증가할수록 대생산일정계획 불안정
성은 반비례적으로 감소한다. 예측기간이 증가하면 보다 많은 기간

90

을 대상으로 대생산일정계획의 럿사이즈를 결정하기 때문에 최적발
주계획에 보다 가까워질 수 있다. 따라서 계획기간이 길수록 대생산
일정계획을 갱신할 때 기존 계획의 럿사이즈가 변경될 가능성이 줄
어들게 되어 대생산일정계획 불안정성은 개선된다.

〈그림 4-9〉 부품 안전재고 규모와 예측기간 변화에 따른 MPS 불안정성 변화

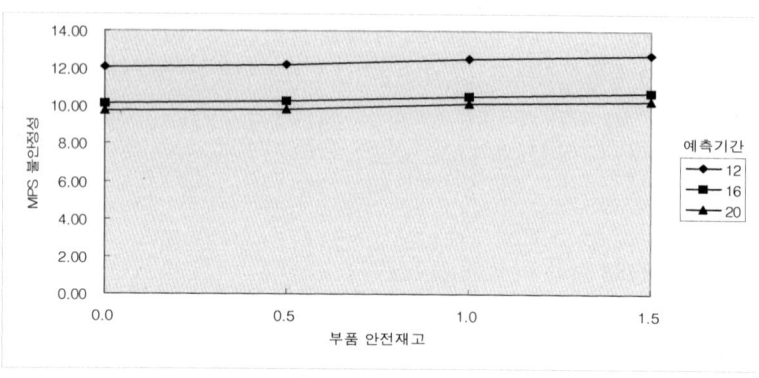

〈그림 4-10〉 부품 및 완제품 안전재고 규모 변화에 따른 MPS 불안정성의 변화

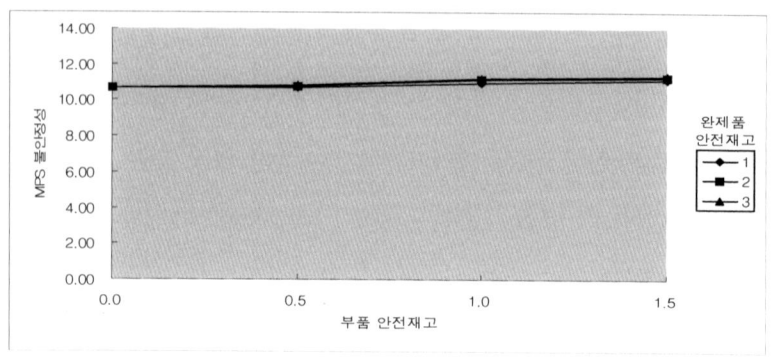

〈그림 4-10〉을 보면 완제품 수준에서만 안전재고를 보유하는 경우

에는 안전재고 규모에 관계없이 대생산일정계획 불안정성에는 아무
런 변화가 없지만 완제품과 더불어 하위부품 수준에서도 안전재고를
보유하는 경우에는 완제품 안전재고 규모가 커지면 대생산일정계획
불안정성은 비례적으로 증가한다. 이는 부품의 안전재고 규모는 완
제품 안전재고 규모에 따라 결정되므로 완제품 안전재고 규모가 증
가하면 부품의 안전재고 규모도 증가하기 때문이다. 결국 완제품 안
전재고 규모는 독자적으로 대생산일정계획 불안정성에 영향을 미치
지 않지만 부품의 안전재고 규모와 상호작용을 통해 대생산일정계획
불안정성에 영향을 미친다.

## 2. 대생산일정계획 불안정성에 대한 회귀분석 결과

본 연구의 실험변수와 매개변수인 예측오차, 수요변동, 예측기간,
고정기간, 완제품 및 부품의 안전재고 규모가 대생산일정계획 불안
정성에 유의적인 영향을 미치는지, 유의적인 영향을 미친다면 어떤
변수가 가장 큰 영향을 미치는지를 알아보기 위해 다중회귀분석을
시행하였다. 대생산일정계획 불안정성에 대한 다중회귀분석 결과는
〈표 4-8〉과 같다.

대생산일정계획 불안정성을 종속변수로, 실험변수와 매개변수를
독립변수로 투입하여 구성된 다중회귀식의 설명력은 42.029%이고,
다중회귀식에 대한 유의도가 0.000으로 유의수준 0.05에서 통계적으
로 유의하기 때문에 이 회귀식에 의해 산출된 통계량은 의미 있는
것으로 해석할 수 있다.

모든 독립변수가 대생산일정계획 불안정성에 유의적인 영향을 미

친다. 특히 고정기간의 표준회귀계수는 −0.6142로서 고정기간이 대생
산일정계획 불안정성에 매우 중요한 영향을 미치는 변수이다. 그러나
완제품 및 부품의 안전재고 규모가 대생산일정계획 불안정성에 미치
는 영향은 매우 작다. 한편 예측기간과 고정기간은 대생산일정계획
불안정성에 부의 영향을 미치지만 예측오차, 수요변동, 완제품 및 부
품의 안전재고 규모는 대생산일정계획 불안정성에 정의 영향을 미친
다. 이러한 결과는 앞에서 분산분석을 통해 살펴본 바와 동일하다.

〈표 4-8〉 MPS 불안정성에 대한 다중회귀분석 결과

| 변   수 | 회귀계수 | 표준회귀계수 | 유의도 | 다중회귀모델의 통계량 | |
|---|---|---|---|---|---|
| 예 측 오 차 | .08 | .1273 | .0000 | | |
| 수요변동 (D1) | 3.05 | .1448 | .0000 | $R^2$ | 0.42032 |
| 수요변동 (D2) | 1.38 | .0654 | .0000 | | |
| 수요변동 (D3) | .92 | .0438 | .0000 | 조정된 $R^2$ | 0.42029 |
| 예 측 기 간 | -.30 | -.1072 | .0000 | | |
| 고 정 기 간 | -6.87 | -.6142 | .0000 | F | 11275.99 |
| 완제품 안전재고 | .07 | .0059 | .0061 | | |
| 부품 안전재고 | .40 | .0244 | .0000 | 유의도 | 0.00000 |
| 상   수   항 | 31.08 | | .0000 | | |

# 제 4 절   서비스수준에 관한 분석

본 절에서는 성과변수 가운데 하나인 서비스수준에 대한 실험변수
및 매개변수들의 영향을 고찰하기 위해 2단계로 구분하여 분석을 실시
하였다. 각 분석방법에 따른 결과를 세부적으로 살펴보면 다음과 같다.

## 1. 서비스수준에 대한 분산분석 결과

본 연구에서 실험변수로 사용된 완제품 및 부품의 안전재고 규모를 비롯한 매개변수들의 변화에 따라 성과변수인 서비스수준에 유의적인 차이가 있는지를 살펴보기 위해 분산분석을 시행하였다. 서비스수준에 대한 분산분석 결과는 〈표 4-9〉와 같다.

### 〈표 4-9〉 서비스수준에 대한 분산분석 결과

| 변 수 / 제품구조 | 1 (5 levels) | 2 (4 levels) | 3 (3 levels) | 4 (2 levels) | 종 합 |
|---|---|---|---|---|---|
| 예 측 오 차(A) | 0.0001 | 0.0001 | 0.0001 | 0.0001 | 0.0001 |
| 수 요 변 동(B) | 0.0001 | 0.0001 | 0.0001 | 0.0001 | 0.0001 |
| 예 측 기 간(C) | 0.0001 | 0.0001 | 0.0001 | 0.0001 | 0.0001 |
| 고 정 기 간(D) | 0.0001 | 0.1498 | 0.1396 | 0.6358 | 0.0051 |
| 완제품 안전재고(E) | 0.0001 | 0.0001 | 0.0001 | 0.0001 | 0.0001 |
| 부품 안전재고(F) | 0.0001 | 0.0001 | 0.0001 | 0.0001 | 0.0001 |
| A*B | 0.0001 | 0.0001 | 0.0001 | 0.0001 | 0.0001 |
| A*C | 0.0001 | 0.0001 | 0.0001 | 0.0001 | 0.0001 |
| A*D | 0.1428 | 0.8167 | 0.7592 | 0.6620 | 0.3460 |
| A*E | 0.0001 | 0.0001 | 0.0001 | 0.0001 | 0.0001 |
| A*F | 0.0001 | 0.0001 | 0.0001 | 0.0001 | 0.0001 |
| B*C | 0.0001 | 0.0001 | 0.0001 | 0.0001 | 0.0001 |
| B*D | 0.6430 | 0.0752 | 0.4354 | 0.7717 | 0.0977 |
| B*E | 0.0001 | 0.0001 | 0.0001 | 0.0001 | 0.0001 |
| B*F | 0.0001 | 0.0001 | 0.0001 | 0.0001 | 0.0001 |
| C*D | 0.4654 | 0.0007 | 0.2284 | 0.3113 | 0.0428 |
| C*E | 0.0001 | 0.0001 | 0.0001 | 0.0001 | 0.0001 |
| C*F | 0.0001 | 0.0001 | 0.0001 | 0.0001 | 0.0001 |
| D*E | 0.4753 | 0.8635 | 0.7798 | 0.9762 | 0.5584 |
| D*F | 0.0003 | 0.6194 | 0.7829 | 0.9974 | 0.0930 |
| E*F | 0.0001 | 0.0001 | 0.0001 | 0.0001 | 0.0001 |

〈표 4-9〉를 보면 모든 독립변수에 따라 서비스수준은 유의수준 0.05에서 유의적인 차이를 보이고, 대부분 상호작용효과 또한 서비스수준에 유의적인 차이를 보인다.

예측오차, 수요변동, 예측기간, 고정기간, 완제품 및 부품의 안전재고 규모에 따라 서비스수준은 유의적인 차이를 보인다. 그러나 한 가지 흥미 있는 점은 개별 제품구조에 대해 살펴보면 제품구조 1을 제외한 나머지 제품구조에서는 고정기간에 따라 서비스수준이 유의적인 차이를 보이지 않지만 모든 제품구조를 종합적으로 고려했을 때는 고정기간에 따라 서비스수준에 유의적인 차이가 있다는 점이다. 이러한 이유는 〈표 4-10〉을 보면 쉽게 이해할 수 있다. 제품구조 2, 3, 4에서도 고정기간이 증가할수록 서비스수준이 감소하고 있다. 물론 그 차이가 매우 작아 통계적으로 유의한 차이를 보이지는 않지만 이 차이가 더해진 종합적인 분석에서는 통계적으로 유의한 차이를 보이는 것이다.

안전재고와 각 매개변수들이 서비스수준에 미치는 상호작용효과를 구체적으로 살펴보면 〈표 4-10〉 및 〈그림 4-11〉부터 〈그림 4-15〉까지와 같다. 〈표 4-10〉에는 독립변수의 각 집단별로 서비스수준을 측정한 구체적인 수치를 제시하고 있으며, 〈그림 4-11〉부터 〈그림 4-15〉에는 그래프를 통해 보여주고 있다.

〈표 4-10〉 서비스수준에 대한 안전재고 규모와 매개변수의 상호작용효과

| 제품구조 | 부품안전재고 | 예측오차 | | 수요변동 | | | | 고정기간 | | | 예측기간 | | | 완제품 안전재고 | | |
|---|---|---|---|---|---|---|---|---|---|---|---|---|---|---|---|---|
| | | 30 | 60 | U50 | U100 | N50 | N100 | 2 | 3 | 4 | 12 | 16 | 20 | 1 | 2 | 3 |
| 1 | 0.0 | 89.48 | 78.83 | 81.82 | 81.83 | 86.80 | 86.16 | 85.48 | 84.20 | 82.78 | 84.01 | 84.22 | 84.23 | 75.16 | 85.27 | 92.02 |
| | 0.5 | 93.23 | 86.68 | 88.65 | 88.61 | 91.54 | 91.02 | 91.15 | 89.86 | 88.85 | 89.89 | 89.98 | 89.99 | 81.02 | 91.97 | 96.86 |
| | 1.0 | 94.87 | 89.92 | 91.45 | 91.43 | 93.49 | 93.20 | 93.51 | 92.27 | 91.40 | 92.39 | 92.39 | 92.40 | 86.36 | 93.78 | 97.04 |
| | 1.5 | 95.04 | 90.31 | 91.72 | 91.70 | 93.77 | 93.53 | 93.76 | 92.54 | 91.73 | 92.68 | 92.68 | 92.68 | 87.18 | 93.81 | 97.04 |
| 2 | 0.0 | 90.85 | 81.42 | 84.09 | 84.26 | 88.48 | 87.71 | 87.45 | 86.02 | 84.93 | 86.07 | 86.16 | 86.18 | 77.98 | 87.22 | 93.20 |
| | 0.5 | 93.91 | 87.93 | 89.68 | 89.81 | 92.34 | 91.85 | 92.10 | 90.73 | 89.92 | 90.89 | 90.93 | 90.93 | 82.98 | 92.71 | 97.06 |
| | 1.0 | 95.15 | 90.50 | 91.90 | 91.96 | 93.86 | 93.58 | 93.91 | 92.66 | 91.90 | 92.82 | 92.83 | 92.83 | 87.06 | 94.14 | 97.27 |
| | 1.5 | 95.39 | 90.95 | 92.26 | 92.28 | 94.17 | 93.96 | 94.19 | 93.01 | 92.30 | 93.17 | 93.17 | 93.17 | 88.00 | 94.22 | 97.29 |
| 3 | 0.0 | 92.43 | 84.61 | 86.98 | 86.99 | 90.48 | 89.66 | 89.77 | 88.43 | 87.37 | 88.47 | 88.53 | 88.57 | 81.33 | 89.56 | 94.68 |
| | 0.5 | 94.50 | 89.11 | 90.74 | 90.74 | 93.13 | 92.59 | 92.92 | 91.66 | 90.83 | 91.77 | 91.81 | 91.83 | 84.94 | 93.31 | 97.15 |
| | 1.0 | 95.29 | 90.74 | 92.16 | 92.11 | 94.03 | 93.76 | 94.04 | 92.88 | 92.12 | 93.00 | 93.02 | 93.02 | 87.50 | 94.23 | 97.31 |
| | 1.5 | 95.46 | 91.08 | 92.43 | 92.37 | 94.27 | 94.02 | 94.28 | 93.11 | 92.43 | 93.28 | 93.27 | 93.28 | 88.21 | 94.29 | 97.32 |
| 4 | 0.0 | 93.75 | 87.48 | 89.43 | 89.42 | 92.07 | 91.53 | 91.80 | 90.46 | 89.59 | 90.59 | 90.62 | 90.63 | 84.28 | 91.62 | 95.95 |
| | 0.5 | 94.92 | 89.94 | 91.48 | 91.46 | 93.55 | 93.23 | 93.48 | 92.27 | 91.53 | 92.42 | 92.43 | 92.44 | 86.41 | 93.70 | 97.18 |
| | 1.0 | 95.29 | 90.73 | 92.16 | 92.13 | 94.03 | 93.73 | 94.01 | 92.88 | 92.15 | 93.01 | 93.01 | 93.02 | 87.64 | 94.15 | 97.25 |
| | 1.5 | 95.40 | 90.95 | 92.31 | 92.28 | 94.18 | 93.93 | 94.19 | 93.03 | 92.31 | 93.17 | 93.17 | 93.18 | 88.09 | 94.18 | 97.25 |
| 종합 | 0.0 | 91.63 | 83.09 | 85.58 | 85.63 | 89.46 | 88.76 | 88.63 | 87.28 | 86.17 | 87.29 | 87.38 | 87.40 | 79.69 | 88.42 | 93.96 |
| | 0.5 | 94.14 | 88.41 | 90.14 | 90.15 | 92.64 | 92.17 | 92.41 | 91.13 | 90.28 | 91.24 | 91.29 | 91.30 | 83.84 | 92.92 | 97.06 |
| | 1.0 | 95.15 | 90.47 | 91.92 | 91.91 | 93.85 | 93.57 | 93.87 | 92.67 | 91.89 | 92.81 | 92.81 | 92.81 | 87.14 | 94.07 | 97.22 |
| | 1.5 | 95.32 | 90.82 | 92.18 | 92.16 | 94.10 | 93.86 | 94.11 | 92.92 | 92.19 | 93.07 | 93.07 | 93.08 | 87.87 | 94.13 | 97.23 |
| 평균 | | 94.06 | 88.20 | 89.95 | 89.96 | 92.51 | 92.09 | 92.25 | 91.00 | 90.13 | 91.10 | 91.14 | 91.15 | 84.63 | 92.39 | 96.37 |

부품의 안전재고 규모는 서비스수준에 매우 큰 영향을 미치고 있다. 각 그림을 살펴보면 모든 그림이 거의 일관되게 부품의 안전재고 규모가 커짐에 따라 서비스수준이 증가하는 추세를 보이고 있다. 개별 매개변수의 변화에 따라 부품의 안전재고 규모가 서비스수준에 미치는 영향을 구체적으로 살펴보면 다음과 같다.

〈그림 4-11〉 부품 안전재고 규모와 예측오차 변화에 따른
서비스수준의 변화

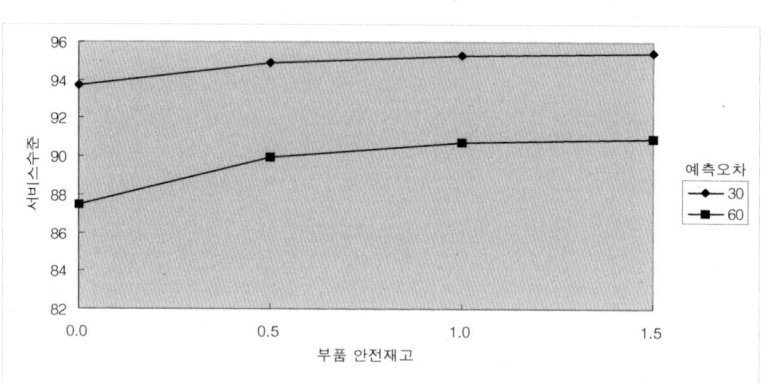

〈그림 4-11〉을 보면 부품의 안전재고 규모와 서비스수준은 비례관계를 보인다. 서비스수준이란 총수요 가운데 보유재고로 충당되는 수요의 비율을 말한다. 따라서 안전재고 규모를 크게 보유할수록 고객수요에 신속히 대응할 수 있기 때문에 안전재고 규모와 서비스수준은 비례하게 된다.

예측오차가 큰 경우보다 예측오차가 작은 경우에 서비스수준은 증가한다. 만일 예측오차가 크게 발생하여 예측수요보다 실제수요가 매우 큰 경우에는 재고부족이 발생할 가능성이 높다. 즉 예측수요에 의해 발주량을 결정하기 때문에 실제 보유하고 있는 재고보다 많은 수요가 발생하면 재고부족이 발생하여 서비스수준이 낮게 된다. 한편 부품의 안전재고 규모가 전혀 없는 경우에는 예측오차에 따른 서비스수준의 차이가 크지만 부품의 안전재고 규모가 상위품목의 안전재고 규모의 0.5배 이상인 경우에는 예측오차의 크기에 따른 서비스수준의 차이가 일정한 간격을 유지하고 있다.

〈그림 4-12〉부품 안전재고 규모와 수요변동에 따른 서비스수준의 변화

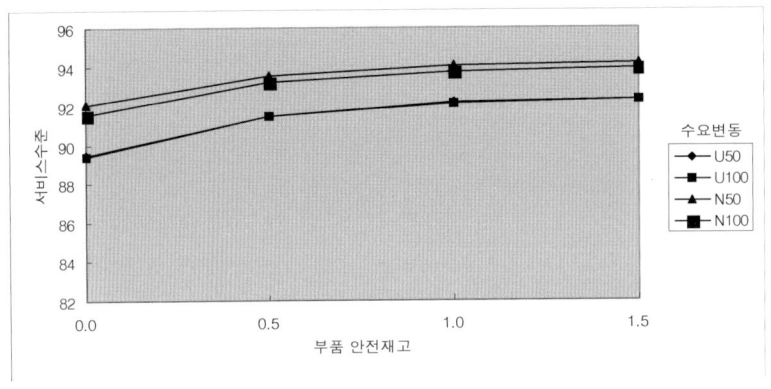

〈그림 4-12〉를 보면 수요가 균등분포인 경우에는 수요변동에 따른 서비스수준의 변화는 거의 없고, 다만 안전재고 규모가 커짐에 따라 서비스수준이 증가하고 있음을 볼 수 있다. 그러나 수요가 정규분포를 이루는 경우에는 수요변동 폭이 작은 경우보다 수요변동 폭이 큰 경우에 서비스수준이 더 낮다. 하지만 수요가 정규분포를 이루는 경우에도 수요변동 폭에 따른 서비스수준의 차이는 매우 작다.

수요변동 폭에 따라 서비스수준에 거의 차이가 없지만 수요가 균등분포를 이루는 경우보다 정규분포를 이루는 경우에 서비스수준이 더 높게 나타난다. 이는 예측오차 측면과 연계하여 생각해보면 쉽게 이해할 수 있다. 수요가 정규분포를 이루는 경우에는 균등분포를 이루는 경우보다 수요변동 폭은 같지만 수요가 평균에 집중하여 발생하기 때문에 실질적인 의미에서는 수요변동이 더 작게 발생한다.

〈그림 4-13〉 안전재고 규모와 고정기간의 변화에 따른 서비스수준의 변화

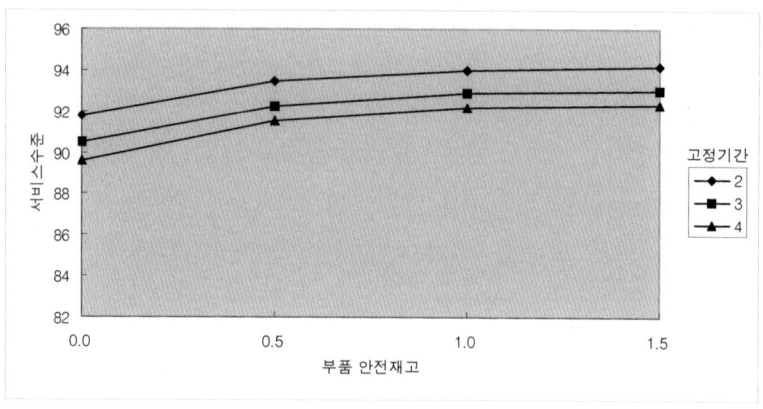

〈그림 4-13〉을 보면 고정기간이 증가할수록 서비스수준은 반비례 적으로 낮아진다. 이는 고정기간이 길수록 수요변동에 능동적으로 대응하기 어렵기 때문에 그만큼 재고부족 발생가능성이 증가함을 의 미한다.

〈그림 4-14〉 부품 안전재고 규모와 예측기간 변화에 따른 서비스수준의 변화

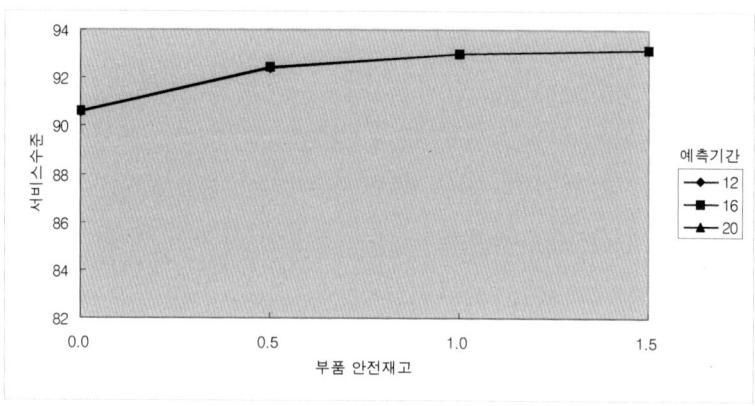

〈그림 4-14〉를 보면 예측기간에 관계없이 서비스수준은 일직선의 형태로서 예측기간에 따른 서비스수준의 차이는 거의 없다. 이러한 원인은 리드타임과 고정기간을 고려해보면 쉽게 이해할 수 있다. 예측기간이 12 이상이면 예측기간에 관계없이 예측오차를 비슷한 시기에 반영할 수 있기 때문에 서비스수준에 거의 차이가 없게 된다.

**〈그림 4-15〉 부품 및 완제품 안전재고 규모 변화에 따른 서비스수준의 변화**

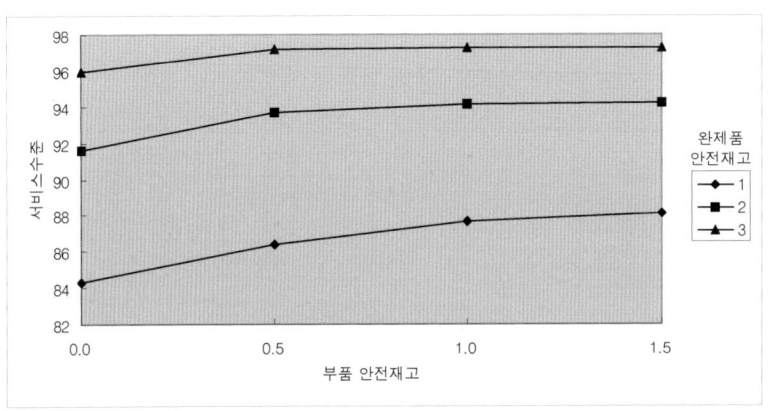

〈그림 4-15〉를 보면 완제품 및 부품의 안전재고 규모가 증가할수록 서비스수준의 증가 폭은 매우 둔화되는 모습을 모인다. 한편 부품의 안전재고 규모 증가보다는 완제품의 안전재고 규모 증가에 따른 서비스수준의 증가폭이 훨씬 더 크게 나타난다. 서비스수준은 완제품에 대한 수요에 즉각적으로 대응할 수 있는가 여부를 측정하는 것이기 때문에 이러한 결과는 당연하다고 할 수 있을 것이다.

## 2. 서비스수준에 대한 회귀분석 결과

본 연구의 실험변수와 매개변수인 예측수요, 수요변동, 예측기간, 고정기간, 완제품 및 부품의 안전재고 규모가 서비스수준에 유의적인 영향을 미치는지, 유의적인 영향을 미친다면 어떤 변수가 서비스수준에 가장 큰 영향을 미치는지를 알아보기 위해 다중회귀분석을 시행하였다. 다중회귀분석의 결과는 다음 〈표 4-11〉과 같다.

〈표 4-11〉 서비스수준에 대한 다중회귀분석 결과

| 변      수 | 회귀계수 | 표준회귀계수 | 유의도 | 다중회귀모델의 통계량 | |
|---|---|---|---|---|---|
| 예 측 오 차 | -.20 | -.4174 | .0000 | | |
| 수요변동 (D1) | -2.14 | -.1319 | .0000 | $R^2$ | 0.77161 |
| 수요변동 (D2) | -2.13 | -.1314 | .0000 | | |
| 수요변동 (D3) | .42 | .0259 | .0000 | 조정된 $R^2$ | 0.77159 |
| 예 측 기 간 | .01 | .0027 | .0483 | | |
| 고 정 기 간 | -1.06 | -.1232 | .0000 | F | 52536.90 |
| 완제품 안전재고 | 5.87 | .6822 | .0000 | | |
| 부품 안전재고 | 3.74 | .2975 | .0000 | 유의도 | 0.00000 |
| 상    수    항 | 89.43 | | .0000 | | |

서비스수준을 종속변수로, 실험변수와 매개변수를 독립변수로 투입한 다중회귀식의 설명력은 77.159%로 매우 높고, 다중회귀식에 대한 유의도가 0.000으로 유의수준 0.05에서 통계적으로 유의하기 때문에 이 회귀식에 의해 산출된 통계량은 의미 있는 것으로 해석할 수 있다.

모든 독립변수가 서비스수준에 유의적인 영향을 미치지만 특히 완제품 안전재고 규모의 표준회귀계수가 0.6822로 서비스수준에 가장 큰 영향을 미친다. 그 다음으로는 예측오차와 부품의 안전재고 규모의 표준회귀계수가 −0.4174와 0.2975로서 서비스수준에 매우 큰 영향을 미친다.

완제품 및 부품의 안전재고 규모와 예측기간의 증가에 따라 서비스수준은 비례적으로 향상되지만(정의 관계), 예측오차와 고정기간은 서비스수준과 반비례관계(부의 관계)를 보인다. 대생산일정계획에서 재계획 시 고정기간이 길수록 수요변동에 대처하는 시기가 늦어져 능동적으로 대응하기 어렵기 때문에 서비스수준은 감소하는 것이다. 그리고 예측오차가 큰 경우에는 재고부족 발생가능성이 증가하여 서비스수준을 감소시킨다. 그러나 안전재고 규모의 증가는 재고부족이 발생할 가능성을 감소시켜 서비스수준을 증가시킨다. 이러한 결과는 앞에서 분산분석을 통해 살펴본 결과와 동일하다.


## 제 5 절   성과변수에 대한 종합분석

본 절에서는 앞에서 살펴본 개별적인 성과변수들에 대한 분석을 종합적으로 살펴보고자 한다. 먼저 개별 성과변수에 대한 사후분석을 통해 어떤 집단 간에 유의적인 차이를 보이는지를 파악한다. 그리고 개별 비용측정치와 총비용을 동시에 고려한 분석을 시행하고, 다음으로는 세 가지 성과변수를 종합적으로 고려한 분석을 시행하고자 한다. 이에 대한 상세한 내용은 다음과 같다.


### 1. 성과변수에 대한 사후분석

제2절부터 제4절까지는 어떤 실험변수와 매개변수가 개별 성과변수

에 유의적인 영향을 미치고, 유의적인 영향을 미치는 변수들 가운데 어떤 변수가 성과변수에 보다 중요한 영향을 미치는지를 분석하였다. 그러나 실험변수와 매개변수에 의해 구분된 집단 가운데 어떤 집단들 간에 각 성과변수의 평균값에서 통계적으로 유의적인 차이를 보이는지를 밝히지는 않았다. 따라서 본 절에서는 분산분석의 사후검증을 통해 실험변수와 매개변수들에 따라 개별 성과변수의 평균값에 차이를 보이는 경우 어떤 집단 간에 유의적인 차이를 보이는지를 분석하고자 한다. 각 성과변수에 대한 분산분석의 사후검증 결과는 〈표 4-12〉와 같다.

〈표 4-12〉 각 성과변수에 대한 분산분석의 사후검증 결과

| 실험변수 | 성과변수 | MPS 불안정성 평균 | MPS 불안정성 그룹* | 서비스수준 평균 | 서비스수준 그룹* | 재고보유비 및 생산준비비 평균 | 재고보유비 및 생산준비비 그룹* | 재고부족비 평균 | 재고부족비 그룹* | 총비용 평균 | 총비용 그룹* |
|---|---|---|---|---|---|---|---|---|---|---|---|
| 예측오차 | 30 | 9.78 | B | 94.06 | A | 431.9 | B | 48.4 | B | 480.3 | B |
| | 60 | 12.10 | A | 88.20 | B | 551.9 | A | 86.9 | A | 638.8 | A |
| 수요변동 | U50 | 12.65 | A | 89.95 | C | 500.3 | A | 73.9 | A | 574.3 | A |
| | U100 | 10.98 | B | 89.96 | C | 493.4 | B | 71.9 | B | 565.3 | B |
| | N50 | 10.53 | C | 92.51 | A | 494.4 | B | 61.4 | D | 555.8 | C |
| | N100 | 9.60 | D | 92.09 | B | 479.5 | C | 63.3 | C | 542.8 | D |
| 고정기간 | 2 | 18.53 | A | 92.25 | A | 491.5 | A | 62.7 | C | 554.2 | C |
| | 3 | 9.49 | B | 91.00 | B | 491.9 | A | 67.7 | B | 559.6 | B |
| | 4 | 4.80 | C | 90.13 | C | 492.4 | A | 72.5 | A | 564.9 | A |
| 예측기간 | 12 | 12.40 | A | 91.10 | B | 492.8 | A | 68.9 | A | 561.7 | A |
| | 16 | 10.42 | B | 91.14 | A | 491.5 | A | 67.1 | B | 558.6 | A |
| | 20 | 10.00 | C | 91.15 | A | 491.5 | A | 66.9 | B | 558.4 | A |
| 완제품 안전재고 | 1 | 10.87 | B | 84.63 | C | 414.9 | C | 100.8 | A | 515.8 | C |
| | 2 | 10.95 | BA | 92.39 | B | 489.9 | B | 61.2 | B | 551.1 | B |
| | 3 | 11.00 | A | 96.37 | A | 571.0 | A | 40.9 | C | 611.9 | A |
| 부품 안전재고 | 0.0 | 10.68 | C | 87.36 | D | 394.3 | D | 129.1 | A | 523.4 | C |
| | 0.5 | 10.77 | C | 91.28 | C | 434.4 | C | 73.5 | B | 507.9 | D |
| | 1.0 | 11.07 | B | 92.81 | B | 502.7 | B | 37.9 | C | 540.5 | B |
| | 1.5 | 11.24 | A | 93.07 | A | 636.3 | A | 30.2 | D | 666.5 | A |

*: 각 성과변수에 대한 독립변수들의 집단 간 차이를 알아보기 위한 사후검증 결과로 나타난 그룹이다. 그룹의 문자가 다른 집단 간에 성과변수 평균에서 유의적인 차이가 있다.

〈표 4-12〉를 보면 대부분의 경우에 각 독립변수 집단 간에는 성과변수의 평균에서 유의적인 차이를 보인다. 이를 개별 독립변수별로 구분하여 세부적으로 살펴보면 다음과 같다.

### (1) 예측오차에 대한 사후분석

예측오차에 의해 구분된 집단은 모든 성과변수의 평균에서 유의적인 차이를 보이고, 예측오차가 큰 경우(60)보다 예측오차가 작은 경우(30)에 모든 성과변수에서 우수한 결과를 보인다. 즉 예측오차가 큰 경우보다 작은 경우에 대생산일정계획 불안정성과 총비용이 감소하고, 서비스수준은 향상된다. 결국 수요의 예측정확성에 따라 대생산일정계획과 관련된 모든 성과변수에서 유의적인 차이를 보이고, 예측정확성이 높은 경우에 모든 성과변수에서 우수한 결과를 가져온다. 따라서 대생산일정계획을 수립함에 있어서 수요의 예측정확성을 향상시킴으로써 대생산일정계획과 관련된 성과를 개선시킬 수 있기 때문에 대생산일정계획을 수립할 때 수요의 예측정확성을 향상시키려는 노력이 무엇보다 중요하다.

### (2) 수요변동에 대한 사후분석

수요변동 폭에 의해 구분된 집단은 대생산일정계획과 관련된 성과변수에서 대체로 유의적인 차이를 보일 뿐만 아니라 수요가 균등분포를 이루는 경우보다 정규분포를 이루는 경우에 모든 성과변수에서 우수한 결과를 보인다.

수요가 정규분포를 이루는 경우보다 균등분포를 이루는 경우에 대

생산일정계획 불안정성이 더 높고, 두 가지 분포 모두에서 수요변동
폭이 큰 경우보다 작은 경우에 대생산일정계획 불안정성이 더 크게
나타난다. 그리고 수요가 균등분포를 이루는 경우보다 정규분포를
이루는 경우에 서비스수준이 더 높고, 수요가 정규분포를 이루는 경
우에 수요변동 폭이 클 때보다 작을 때 서비스수준이 더 높다. 또한
수요변동 폭이 클수록 총비용은 감소한다.

결국 수요변동 폭이 작은 경우보다 큰 경우에 서비스수준은 약간
감소하지만 대생산일정계획의 불안정성과 총비용은 매우 감소한다.
특히 수요가 균등분포를 이루는 경우에는 수요변동 폭에 따라 서비
스수준에 유의적인 차이를 보이지 않으면서도 수요변동 폭이 큰 경
우에 대생산일정계획 불안정성과 총비용이 감소한다. 이러한 결과는
수요변동 폭이 작을 때보다 수요변동 폭이 큰 상황에서 연동스케줄
을 사용하고, 대생산일정계획의 일부를 고정하면서 안전재고를 보유
하는 것이 매우 효과적임을 보여주고 있다.

### (3) 고정기간에 대한 사후분석

대생산일정계획을 갱신할 때 고정시키는 기간을 늘릴수록 대생
산일정계획의 불안정성은 급격히 개선되지만 총비용이 증가하고,
서비스수준이 감소하는 경향을 보인다. 이러한 결과는 기존문헌에
서 제기된 바와 같이 기업에서 대생산일정계획을 어느 정도 고정
시킬 것인가를 결정하는 문제가 매우 중요하다는 사실을 확인시켜
주는 것이다.

결국 고정기간의 증감에 따라 대생산일정계획의 성과변수들은 상
충관계를 보인다. 따라서 개별기업은 대생산일정계획의 불안정성으

로 인해 야기되는 여러 가지 혼란을 감수하면서 총비용을 줄일 것인지 혹은 총비용을 많이 지출하더라도 대생산일정계획의 불안정성을 줄여 기업 내에서 발생할 혼란을 줄일 것인지를 신중하게 선택하여야 할 것이다.

### (4) 예측기간에 대한 사후분석

예측기간의 길이에 따라 총비용은 차이를 보이지 않지만 대생산일정계획 불안정성과 서비스수준은 유의적인 차이를 보인다. 예측기간이 늘어나면 대생산일정계획 불안정성은 감소하고, 서비스수준이 증가한다. 따라서 대생산일정계획을 수립할 때보다 많은 기간의 예측수요를 확보하는 것이 매우 중요하다.

결국 대생산일정계획에서 계획기간에 따라 발주 럿사이즈를 결정할 때보다 많은 기간의 예측수요를 고려함으로써 최적에 가까운 럿사이즈를 결정할 수 있게 된다. 그러나 예측기간을 늘리더라도 대생산일정계획 불안정성이 감소하는 비율은 점증적으로 줄어들 뿐만 아니라 서비스수준 또한 예측기간이 16기간 이상인 경우에는 유의적인 차이를 보이지 않는다. 따라서 보다 많은 기간의 예측수요를 확보하기 위한 노력과 그에 따른 효과를 고려하여 적절한 예측기간을 설정해야 할 것이다. 즉 본 연구에서와 같이 리드타임이 3기간이고 고정기간이 4 이하인 경우에는 예측기간이 12 정도면 충분하다고 생각되기 때문에 12기간에 대한 예측수요를 확보한 다음에는 예측기간을 확대하려는 노력보다 예측정확성을 높이려는 노력이 우선되어야 할 것이다.

### (5) 안전재고 규모에 대한 사후분석

완제품 안전재고 규모가 증가하면 서비스수준은 향상되지만 대생산일정계획 불안정성이 커지고 총비용이 증가하게 된다. 그리고 부품 안전재고 규모가 증가하면 완제품의 경우와 같이 서비스수준은 향상되고, 대생산일정계획 불안정성은 커지게 된다. 그러나 총비용의 경우에는 부품 안전재고 규모가 상위품목 안전재고 규모의 0.5배일 때 가장 적고, 그 이상으로 증가하면 총비용 또한 비례적으로 증가한다.

결국 기업이 어디에 경쟁목표를 두고 있느냐에 따라 제품구조의 어느 계층에서 어느 정도의 안전재고를 보유해야 할 것인지를 결정해야 한다. 예를 들어 원가절감에 우선순위를 두고 있는 기업은 예측오차의 표준편차와 동일한 규모의 완제품 안전재고를 보유하고, 하위부품에 대해서는 상위품목 안전재고 규모의 0.5배를 보유하는 것이 가장 효과적일 것이다. 즉 대생산일정계획 단계에서 완제품에 대한 안전재고만을 보유하는 것보다는 완제품과 하위부품의 안전재고를 동시에 보유함으로써 서비스수준을 향상시키고 총비용을 절감시킬 수 있다.

## 2. 관련비용에 대한 분석

제2절에서는 안전재고 수준과 매개변수의 변화에 따른 총비용의 변화 패턴을 살펴보았다. 그러나 여기서는 재고보유비와 생산준비비, 그리고 재고부족비 등 총비용을 구성하는 개별 비용요소들을 고려하여 분석을 시행하였다.

　　각 매개변수별로 부품 안전재고 규모의 변화에 따라 관련비용에
대한 분석 결과는 〈표 4-13〉과 〈표 4-14〉, 그리고 〈그림 4-16〉부터
〈그림 4-20〉까지이다.

　　모든 경우에서 부품 안전재고 규모의 증가에 따라 생산준비비와
재고보유비의 합은 비례적으로 증가하지만 재고부족비는 반비례적으
로 감소하는 경향을 보이고 있다. 따라서 이 두 가지 비용요소를 종
합적으로 나타낸 총비용 곡선을 통해 최적 안전재고 규모를 결정할
수 있을 것이다.

〈표 4-13〉 재고보유비에 대한 안전재고 규모와 매개변수의 상호작용효과

(단위: 10,000)

| 제품구조 | 부품안전재고 | 예측오차 | | 수요변동 | | | | 고정기간 | | | 예측기간 | | | 완제품 안전재고 | | |
|---|---|---|---|---|---|---|---|---|---|---|---|---|---|---|---|---|
| | | 30 | 60 | U50 | U100 | N50 | N100 | 2 | 3 | 4 | 12 | 16 | 20 | 1 | 2 | 3 |
| 1 | 0.0 | 390 | 461 | 435 | 431 | 424 | 413 | 424 | 426 | 427 | 427 | 425 | 425 | 391 | 423 | 463 |
| | 0.5 | 431 | 546 | 496 | 491 | 490 | 478 | 487 | 489 | 489 | 490 | 488 | 488 | 417 | 485 | 564 |
| | 1.0 | 520 | 730 | 632 | 626 | 627 | 613 | 623 | 625 | 626 | 626 | 624 | 624 | 487 | 622 | 765 |
| | 1.5 | 733 | 1,162 | 955 | 949 | 951 | 936 | 947 | 949 | 949 | 949 | 947 | 947 | 647 | 946 | 1,252 |
| 2 | 0.0 | 308 | 346 | 334 | 330 | 328 | 316 | 326 | 327 | 327 | 327 | 327 | 327 | 307 | 325 | 348 |
| | 0.5 | 329 | 390 | 366 | 361 | 361 | 349 | 359 | 360 | 360 | 360 | 359 | 359 | 322 | 358 | 399 |
| | 1.0 | 359 | 454 | 414 | 407 | 409 | 395 | 406 | 406 | 406 | 407 | 406 | 406 | 346 | 405 | 468 |
| | 1.5 | 411 | 561 | 494 | 487 | 489 | 475 | 486 | 487 | 486 | 487 | 486 | 486 | 384 | 485 | 589 |
| 3 | 0.0 | 475 | 532 | 514 | 506 | 506 | 488 | 503 | 503 | 504 | 504 | 503 | 503 | 474 | 501 | 535 |
| | 0.5 | 502 | 588 | 556 | 547 | 549 | 528 | 545 | 545 | 545 | 546 | 545 | 545 | 493 | 543 | 599 |
| | 1.0 | 537 | 665 | 613 | 602 | 605 | 583 | 601 | 601 | 601 | 602 | 600 | 600 | 520 | 598 | 684 |
| | 1.5 | 590 | 773 | 693 | 682 | 686 | 664 | 681 | 681 | 681 | 682 | 681 | 681 | 558 | 679 | 806 |
| 4 | 0.0 | 302 | 341 | 328 | 322 | 323 | 312 | 322 | 320 | 322 | 322 | 321 | 321 | 302 | 320 | 342 |
| | 0.5 | 316 | 373 | 351 | 345 | 347 | 334 | 345 | 343 | 345 | 345 | 344 | 344 | 312 | 343 | 378 |
| | 1.0 | 338 | 421 | 387 | 380 | 382 | 369 | 380 | 379 | 380 | 380 | 379 | 379 | 328 | 378 | 432 |
| | 1.5 | 372 | 489 | 437 | 430 | 433 | 420 | 430 | 430 | 430 | 431 | 430 | 430 | 352 | 429 | 510 |
| 종합 | 0.0 | 369 | 420 | 403 | 397 | 395 | 382 | 394 | 394 | 395 | 395 | 394 | 394 | 368 | 392 | 422 |
| | 0.5 | 394 | 474 | 442 | 436 | 437 | 422 | 434 | 434 | 435 | 435 | 434 | 434 | 386 | 432 | 485 |
| | 1.0 | 438 | 567 | 511 | 504 | 506 | 490 | 502 | 503 | 503 | 504 | 502 | 502 | 420 | 501 | 587 |
| | 1.5 | 527 | 746 | 645 | 637 | 640 | 624 | 636 | 636 | 637 | 637 | 636 | 636 | 485 | 635 | 789 |
| 평　균 | | 432 | 552 | 500 | 493 | 494 | 480 | 492 | 492 | 492 | 493 | 492 | 492 | 415 | 490 | 571 |

〈표 4-14〉 재고부족비에 대한 안전재고 규모와 매개변수의 상호작용효과

(단위: 10,000)

| 제품구조 | 부품안전재고 | 예측오차 | | 수요변동 | | | | 고정기간 | | | 예측기간 | | | 완제품 안전재고 | | |
|---|---|---|---|---|---|---|---|---|---|---|---|---|---|---|---|---|
| | | 30 | 60 | U50 | U100 | N50 | N100 | 2 | 3 | 4 | 12 | 16 | 20 | 1 | 2 | 3 |
| 1 | 0.0 | 185 | 358 | 290 | 285 | 253 | 259 | 262 | 269 | 284 | 277 | 269 | 269 | 326 | 265 | 225 |
| | 0.5 | 107 | 195 | 160 | 157 | 141 | 145 | 142 | 149 | 161 | 155 | 149 | 148 | 240 | 134 | 79 |
| | 1.0 | 45 | 76 | 67 | 65 | 55 | 55 | 53 | 60 | 68 | 62 | 60 | 59 | 114 | 47 | 21 |
| | 1.5 | 33 | 59 | 53 | 52 | 40 | 40 | 40 | 46 | 52 | 46 | 46 | 46 | 84 | 38 | 16 |
| 2 | 0.0 | 62 | 116 | 96 | 94 | 81 | 85 | 84 | 89 | 93 | 90 | 88 | 88 | 113 | 86 | 68 |
| | 0.5 | 37 | 64 | 56 | 53 | 46 | 48 | 46 | 51 | 54 | 52 | 50 | 50 | 84 | 44 | 24 |
| | 1.0 | 22 | 35 | 33 | 31 | 25 | 25 | 25 | 29 | 32 | 29 | 29 | 28 | 52 | 23 | 11 |
| | 1.5 | 17 | 29 | 27 | 26 | 20 | 20 | 20 | 24 | 26 | 23 | 23 | 23 | 42 | 19 | 8 |
| 3 | 0.0 | 71 | 132 | 110 | 107 | 92 | 98 | 96 | 102 | 107 | 103 | 101 | 101 | 131 | 97 | 76 |
| | 0.5 | 44 | 74 | 65 | 63 | 53 | 55 | 54 | 59 | 64 | 60 | 59 | 58 | 98 | 51 | 28 |
| | 1.0 | 30 | 47 | 44 | 42 | 34 | 34 | 34 | 39 | 43 | 39 | 38 | 38 | 69 | 32 | 15 |
| | 1.5 | 24 | 39 | 37 | 35 | 27 | 27 | 27 | 32 | 35 | 32 | 32 | 32 | 57 | 26 | 11 |
| 4 | 0.0 | 38 | 70 | 58 | 57 | 49 | 52 | 51 | 54 | 57 | 54 | 54 | 54 | 70 | 51 | 40 |
| | 0.5 | 25 | 42 | 37 | 35 | 30 | 31 | 30 | 34 | 36 | 34 | 33 | 33 | 55 | 29 | 16 |
| | 1.0 | 18 | 29 | 27 | 26 | 21 | 21 | 21 | 24 | 26 | 24 | 24 | 24 | 42 | 20 | 9 |
| | 1.5 | 15 | 25 | 23 | 22 | 17 | 17 | 17 | 20 | 22 | 20 | 20 | 20 | 36 | 17 | 7 |
| 종합 | 0.0 | 89 | 169 | 138 | 136 | 119 | 123 | 123 | 129 | 135 | 131 | 128 | 128 | 160 | 125 | 102 |
| | 0.5 | 53 | 94 | 79 | 77 | 67 | 70 | 68 | 73 | 79 | 75 | 73 | 72 | 119 | 64 | 37 |
| | 1.0 | 29 | 47 | 43 | 41 | 34 | 34 | 33 | 38 | 42 | 39 | 38 | 37 | 69 | 30 | 14 |
| | 1.5 | 22 | 38 | 35 | 34 | 26 | 26 | 26 | 31 | 34 | 30 | 30 | 30 | 55 | 25 | 11 |
| 평균 | | 49.74 | 90.16 | 76.32 | 77.00 | 64.21 | 68.68 | 62.89 | 67.68 | 72.53 | 69.37 | 68.00 | 67.95 | 99.63 | 61.58 | 41.89 |

개별 매개변수별로 안전재고 규모가 비용요소에 미치는 영향을 세부적으로 살펴보면 다음과 같다.

### (1) 부품 안전재고 규모와 예측오차에 관한 분석

수요예측 오차의 표준편차가 30과 60인 경우에 부품 안전재고 규모의 변화에 따라 대생산일정계획과 관련된 비용의 변화를 분석해보면 〈그림 4-16〉과 같다.

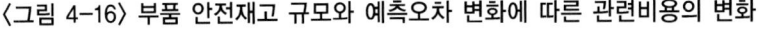

〈그림 4-16〉 부품 안전재고 규모와 예측오차 변화에 따른 관련비용의 변화

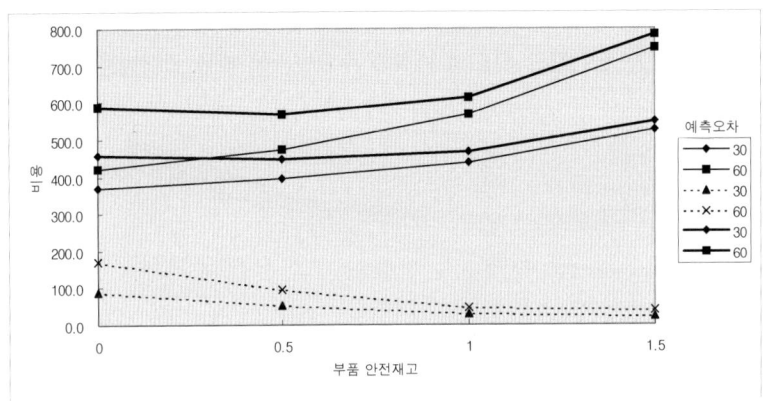

주) 실선은 재고보유비와 생산준비비의 합, 점선은 재고부족비, 그리고 굵은 선은 총 비용을 나타냄.

예측오차의 표준편차가 30인 경우와 60인 경우에 재고보유비와 생산준비비의 합은 부품 안전재고 규모가 커질수록 그 차이 또한 증가한다. 그리고 부품의 안전재고 규모가 예측오차 표준편차의 1배 이상일 때는 재고부족비에 거의 차이가 없지만 부품의 안전재고 규모가 작을수록 그 차이는 더욱 크게 나타난다. 따라서 수요가 불확실하여 정확한 예측을 할 수 없는 경우에는 어느 정도의 안전재고를 보유함으로써 재고부족비를 줄일 수 있으며, 총비용 또한 줄일 수 있다. 따라서 수요환경이 불확실한 기업은 적정규모의 안전재고를 보유함으로써 수요변동에 효율적으로 대응할 수 있을 것이다.

### (2) 부품 안전재고 규모와 수요변동에 관한 분석

완제품의 평균수요가 200단위이고, 수요분포와 수요변동 폭이 서로 다른 경우에 부품 안전재고 규모의 변화에 따라 대생산일정계획과 관련된 비용의 변화를 분석해보면 〈그림 4-17〉과 같다.

〈그림 4-17〉 안전재고 규모의 변화와 수요변동에 따른 관련비용의 변화

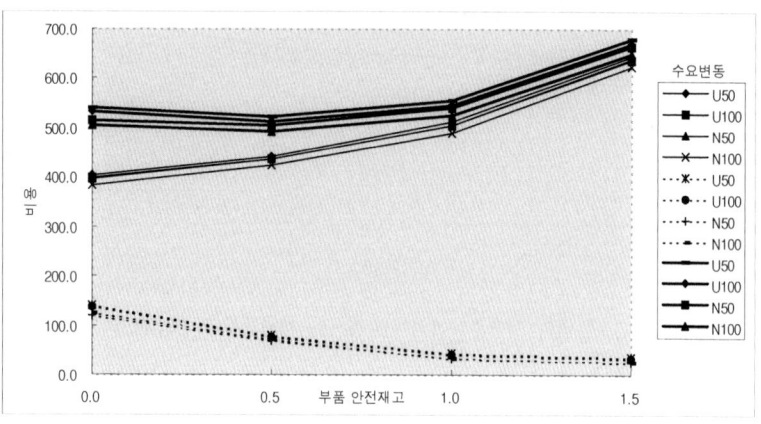

주) 실선은 재고보유비와 생산준비비의 합. 점선은 재고부족비. 그리고 굵은 선은 총
    비용을 나타냄.

모든 경우에 있어서 부품 안전재고 규모가 증가할수록 재고보유비와
생산준비비는 비례적으로 증가하지만 재고부족비는 반비례적으로 감
소한다. 〈그림 4-17〉에서 보는 바와 같이 수요변동 폭이 작은 경우보다
큰 경우에 관련비용은 오히려 더 적게 소요된다. 그 이유는 수요변동
폭이 큰 경우와 작은 경우에 재고보유비의 차이가 큰 반면에 안전재고
의 보유로 인해 재고부족비의 차이는 매우 작게 나타나기 때문이다. 즉
수요변동 폭이 큰 경우에 수요변동 폭이 작은 경우보다 재고보유비는
많이 감소하지만 재고부족비는 약간 증가한다. 따라서 이 두 가지 비용
요소의 합으로 측정된 총비용은 수요변동 폭이 큰 경우에 수요변동 폭이
작은 경우보다 더 적게 소요된다. 한편 수요를 균등분포에서 추출하는
경우보다 정규분포에서 추출하는 경우에 총비용이 더 적게 소요된다.

### (3) 부품 안전재고 규모와 고정기간에 대한 분석

고정기간이 서로 다른 경우에 부품 안전재고 규모의 변화에 따라 대생산일정계획과 관련된 비용의 변화를 분석해보면 〈그림 4-18〉과 같다.

〈그림 4-18〉 부품 안전재고 규모와 고정기간 변화에 따른 관련비용의 변화

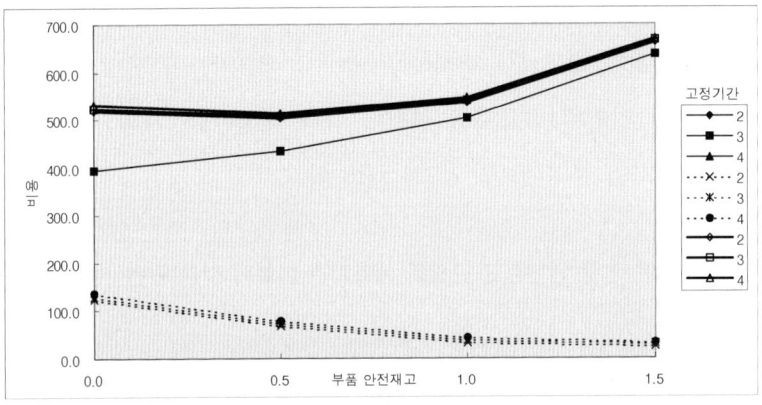

주) 실선은 재고보유비와 생산준비비의 합, 점선은 재고부족비, 그리고 굵은 선은 총비용을 나타냄.

고정기간에 따른 재고보유비의 차이는 없지만 고정기간이 긴 경우보다 짧은 경우에 재고부족비가 더 적게 소요된다. 따라서 총비용 측면에서는 대생산일정계획의 고정기간을 짧게 하는 것이 기업에 유리하다. 이는 앞에서 살펴본 바에 비춰보면 당연한 결과이다.

대생산일정계획을 갱신할 때 대생산일정계획의 일부 기간에 대한 생산계획량(혹은 발주량)을 고정시키는 방법은 연동스케줄에 따른 대생산일정계획의 불안정성을 줄이기 위한 방안으로 도입되었다. 결국 대생산일정계획의 불안정성은 총비용과 상충관계에 있기 때문에

112

어느 정도의 기간을 고정시킬 것인가가 중요한 연구과제가 되어 온 것이다. 따라서 기업이 대생산일정계획 불안정성을 감수하면서 총비용을 최소화시킬 것인지 아니면 비용을 감수하면서 대생산일정계획을 안정시킬 것인지 여부를 결정해야 한다.

### (4) 부품 안전재고 규모와 예측기간에 대한 분석

예측기간이란 대생산일정계획을 갱신할 때 어느 정도 기간의 예측수요를 고려할 것인가의 문제이다. 따라서 예측기간이 서로 다른 경우에 부품 안전재고 규모의 변화에 따라 대생산일정계획과 관련된 비용의 변화를 분석해보면 〈그림 4-19〉와 같다.

〈그림 4-19〉 부품 안전재고 규모와 예측기간 변화에 따른 관련비용의 변화

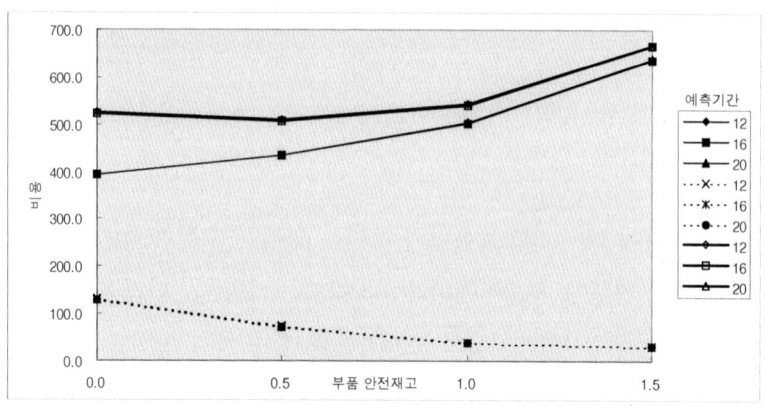

주) 실선은 재고보유비와 생산준비비의 합, 점선은 재고부족비, 그리고 굵은 선은 총비용을 나타냄.

〈그림 4-19〉를 보면 본 연구에서 예측기간을 12기간 이상으로 고려했기 때문에 예측기간에 따른 관련비용의 차이가 거의 없는 것으

로 나타난다. 물론 예측기간에 따른 관련비용에 대한 분석에서 〈표 4-13〉과 〈표 4-14〉의 구체적인 수치를 보면 예측기간이 길어지면 재고보유비와 재고부족비 모두 약간씩 감소하는 경향을 보이지만 통계적으로 유의한 차이를 보이지는 않는다. 따라서 본 연구에서와 같은 상황에서 대생산일정계획을 수립할 때 12기간 정도의 예측자료를 확보했다면 더 많은 기간의 예측자료를 확보하기 위해 노력을 기울이기보다는 정확한 예측을 위한 노력을 기울이는 것이 보다 바람직할 것이다.

### (5) 완제품 및 부품의 안전재고 규모에 대한 분석

완제품에 대한 안전재고 규모와 하위부품에 대한 안전재고 규모를 동시에 고려했을 때 대생산일정계획과 관련된 비용의 변화를 분석해 보면 〈그림 4-20〉과 같다.

〈그림 4-20〉 부품 및 완제품 안전재고 규모 변화에 따른 관련비용의 변화

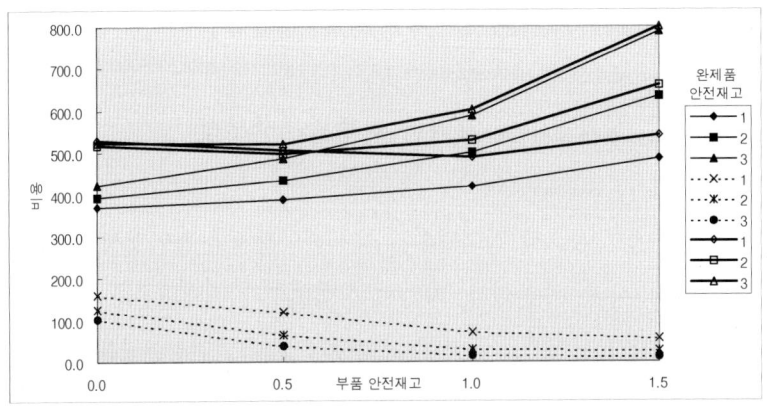

주) 실선은 재고보유비와 생산준비비의 합, 점선은 재고부족비, 그리고 굵은 선은 총비용을 나타냄.

〈그림 4-20〉을 보면 완제품 안전재고 규모가 증가할수록 재고보유 비는 비례적으로 증가하고, 재고부족비는 비례적으로 감소한다. 그러 나 부품의 안전재고 규모가 달라지면 완제품 안전재고 규모의 차이 에 따른 재고보유비의 차이가 달라지는 반면에 재고부족비의 차이는 거의 비슷하다. 따라서 총비용 곡선은 완제품 및 부품의 안전재고 규모에 따라 서로 다른 패턴을 보인다.

완제품 안전재고 규모를 수요예측 표준편차와 동일하게 보유하는 경우에는 부품의 안전재고 또한 상위품목의 안전재고와 동일한 규모 를 보유하면 총비용이 가장 적게 소요된다. 그러나 완제품 안전재고 가 수요예측 표준편차의 2배 이상인 경우에는 부품의 안전재고는 상 위품목의 0.5배를 보유하면 총비용이 가장 적게 소요된다. 그리고 이 를 종합적으로 비교해보면 완제품 안전재고와 부품 안전재고 모두 표준편차와 동일한 규모로 보유할 때 총비용을 최소화시킬 수 있다.

결국 기존문헌에서 제시한 것처럼 완제품에 대한 안전재고만을 보 유하는 것보다 완제품과 부품의 안전재고를 동시에 보유하는 것이 대생산일정계획과 관련된 총비용을 가장 적게 발생시킨다.


## 3. 모든 성과변수를 고려한 다변량분산분석

본 연구에서 사용된 성과변수는 대생산일정계획 불안정성, 관련비 용, 그리고 서비스수준이다. 따라서 실험변수와 매개변수가 모든 성 과변수에 미치는 영향을 동시에 고려하기 위해 다변량분산분석을 시 행하였다. 다변량분산분석의 결과는 〈표 4-15〉와 같다.

⟨표 4-15⟩ 성과변수들에 대한 다변량분산분석 결과

| 변        수 | 유   의   도 |
|---|---|
| 예 측 오 차(A) | 0.0001 |
| 수 요 변 동(B) | 0.0001 |
| 예 측 기 간(C) | 0.0001 |
| 고 정 기 간(D) | 0.0001 |
| 완제품 안전재고(E) | 0.0001 |
| 부품 안전재고(F) | 0.0001 |
| A*B | 0.0001 |
| A*C | 0.0001 |
| A*D | 0.0001 |
| A*E | 0.0001 |
| A*F | 0.0001 |
| B*C | 0.0001 |
| B*D | 0.0001 |
| B*E | 0.0001 |
| B*F | 0.0001 |
| C*D | 0.0001 |
| C*E | 0.9993 |
| C*F | 0.8389 |
| D*E | 0.0001 |
| D*F | 0.0001 |
| E*F | 0.0001 |

성과변수들을 모두 종속변수로 투입하고, 실험변수와 매개변수를 독립변수로 투입한 다변량분산분석의 결과 예측오차, 수요변동, 예측 기간, 고정기간, 완제품 및 부품의 안전재고 규모 모두 대생산일정계 획의 성과에 유의적인 영향을 미친다. 그리고 각 독립변수들의 상호 작용효과 또한 대부분의 경우에 성과변수들에 유의적인 영향을 미친 다. 다만 예측기간과 고정기간, 예측기간과 부품 안전재고 규모의 상 호작용효과만 성과에 유의적인 영향을 미치지 않는다.

결국 다변량분산분석에서 독립변수로 사용한 완제품 및 부품의 안전재고 규모, 예측오차, 수요변동, 예측기간, 그리고 고정기간이 모두 대생산일정계획의 성과에 유의적인 영향을 미친다. 따라서 기업은 본 연구에 사용된 매개변수들의 적정 범위를 선택함으로써 효과적인 대생산일정계획을 수립할 수 있다. 만약 본 연구에 사용된 매개변수 가운데 일부 변수의 범위가 이미 결정된 경우에도 고정기간과 안전 재고 규모를 조정하고, 예측정확성을 높이려는 노력을 통해서 대생산일정계획의 성과를 개선시킬 수 있을 것이다.

## 4. 종합적인 분석 및 토의

앞에서 살펴본 바와 같이 완제품 및 부품의 안전재고 규모, 예측오차, 수요변동, 예측기간, 고정기간은 복수계층 자재소요계획 시스템하에서 대생산일정계획의 성과에 유의적인 영향을 미치는 것으로 밝혀졌다. 따라서 본 연구에서 실행한 여러 통계분석 결과를 연구모형에서 본 바와 같이 실험변수와 매개변수로 구분하여 이들 변수가 대생산일정계획 성과에 미치는 영향을 종합적으로 정리함으로써 최적 성과를 얻기 위한 변수들의 범위를 산출할 수 있을 것이다.

### (1) 안전재고 규모와 대생산일정계획 성과의 관계

본 연구의 궁극적인 목적은 완제품 및 부품의 안전재고 규모와 대생산일정계획의 성과변수인 총비용, 대생산일정계획 불안정성, 그리고 서비스수준의 관계를 파악하고자 하는 것이다. 따라서 완제품 및 부품의 안전재고 규모와 개별 성과의 관계에 관한 분석 결과를 정리해보면 다음과 같다.

첫째, 완제품 안전재고 규모와 대생산일정계획과 관련한 총비용은 비례한다. 그리고 부품의 안전재고 규모와 총비용의 관계는 곡선의 형태를 보이며, 완제품 안전재고 규모와 부품의 안전재고 규모를 동시에 고려했을 경우에 안전재고 규모와 총비용과의 관계는 더욱 복잡한 패턴을 보인다. 결국 본 연구에서는 완제품 안전재고 규모가 예측오차의 표준편차와 동일하고, 부품의 안전재고는 상위품목의 안전재고와 동일한 규모로 보유할 때 총비용이 최소화된다. 따라서 복수계층 자재소요계획 시스템하에서 안전재고를 완제품에 대한 대생산일정계획 수준에서만 보유하는 것보다는 완제품과 더불어 하위부품에서도 안전재고를 보유하는 것이 자재소요계획과 관련한 총비용을 최소화시킬 수 있을 것이다. 그러나 완제품 안전재고 규모가 증가할수록 총비용을 최소화하는 부품의 안전재고 규모는 점차 감소하게 된다. 즉 총비용을 최소화하기 위해서는 완제품의 안전재고 규모가 클수록 부품의 안전재고 규모는 작게 보유해야 할 것이다.

둘째, 완제품 및 부품의 안전재고 규모는 대생산일정계획의 불안정성과 실질적인 관계가 있다. 대부분 경우에 완제품 안전재고 규모가 증가하면 대생산일정계획 불안정성도 증가하고, 부품의 안전재고 규모 역시 대생산일정계획 불안정성과 비례관계를 보인다. 그러나 부품의 안전재고를 보유하지 않는 경우에는 완제품 안전재고 규모의 증감에 따른 대생산일정계획 불안정성에는 아무런 변화가 없다.

셋째, 완제품 및 부품의 안전재고 규모는 서비스수준과 실질적인 관계가 있다. 모든 상황에 있어서 안전재고 규모가 증가할수록 재고부족이 발생할 가능성이 감소한다. 따라서 안전재고 규모가 증가할수록 서비스수준은 비례적으로 향상된다. 그리고 완제품 안전재고 규모는 부품의 안전재고 규모보다 서비스수준에 더 많은 영향을 미친다. 다중회귀분석을 통해서 살펴보았듯이 완제품 안전재고 규모가 서비스수준에 미치는 영향은 매우 크다.

### (2) 매개변수와 대생산일정계획 성과의 관계

　매개변수인 예측오차, 수요변동, 예측기간, 고정기간과 성과변수인 총비용, 대생산일정계획 불안정성, 서비스수준과의 관계를 파악함으로써 어떤 매개변수가 대생산일정계획 성과에 중요한 영향을 미치는지를 파악할 수 있을 뿐만 아니라 어떤 상황에서 대생산일정계획 수립 시 연동스케줄과 고정방법을 사용하면서 안전재고를 도입하는 것이 효과적인가를 파악할 수 있을 것이다. 따라서 매개변수와 성과의 관계에 대한 분석 결과를 세부적으로 정리해보면 다음과 같다.

　첫째, 수요의 예측오차 정도와 총비용, 대생산일정계획 불안정성, 서비스수준은 실질적인 관계가 있다. 예측오차가 커질수록 총비용과 대생산일정계획 불안정성은 유의적으로 증가하는 반면에 서비스수준은 유의적으로 감소한다. 즉 모든 경우에 있어서 예측오차를 줄이면 모든 성과가 개선된다는 것이다. 예측정확성이 향상되면 과도한 재고보유와 재고부족을 방지하여 총비용을 감소시킬 수 있을 뿐만 아니라 서비스수준 또한 향상시킬 수 있을 것이다. 그리고 예측정확성이 향상되면 실제수요와 예측수요의 차이가 감소하여 대생산일정계획을 갱신할 때 이미 수립된 대생산일정계획의 발주량을 변경시키는 횟수뿐만 아니라 변경량이 감소하게 될 것이다. 물론 수요예측이 정확하다고 하더라도 대생산일정계획을 수립할 때 고려하는 예측기간과 고정기간 때문에 발주량은 변경된다. 따라서 예측수요가 실제수요와 일치하는 경우에도 대생산일정계획은 변경될 수 있다. 그러나 예측오차가 큰 경우보다 예측오차가 작은 경우에 대생산일정계획의 불안정성은 훨씬 더 감소하게 된다.

둘째, 수요변동 폭과 총비용, 대생산일정계획 불안정성, 그리고 서비스수준은 실질적인 관계가 있다. 수요변동 폭이 커질수록 총비용과 대생산일정계획 불안정성은 유의적으로 감소한다. 그리고 수요가 정규분포를 이루는 경우에는 수요변동 폭이 클수록 서비스수준은 감소하지만 수요가 균등분포를 이루는 경우에는 수요변동 폭에 따라 서비스수준에 유의적인 차이를 보이지 않는다. 또한 모든 경우에 있어서 수요가 균등분포를 이루는 경우보다 정규분포를 이루는 경우에 모든 성과가 우수하게 나타난다. 이는 수요가 균등분포를 이루는 경우보다 수요가 정규분포를 이루는 경우에 예측수요가 보다 평균수요에 근접하기 때문이다.

한편 수요변동 폭이 작은 경우보다 수요변동 폭이 큰 경우에 오히려 관련비용과 대생산일정계획의 불안정성이 감소하는데, 이러한 결과는 본 연구에서 활용하는 연동스케줄과 대생산일정계획의 고정방법의 효과 때문에 발생한다. 수요변동 폭이 작은 경우에는 이러한 효과가 거의 나타나지 않지만 수요변동 폭이 큰 경우에는 이러한 효과 또한 매우 크게 나타난다. 따라서 수요변동이 심한 경우에 본 연구에서와 같이 연동스케줄과 대생산일정계획 고정방법을 사용하는 것은 매우 효과적이다.

셋째, 고정기간과 총비용, 대생산일정계획 불안정성, 서비스수준은 실질적인 관계가 있다. 대생산일정계획을 갱신할 때 고정시키는 기간이 길어질수록 총비용은 비례적으로 증가하고, 대생산일정계획의 불안정성과 서비스수준은 비례적으로 감소한다. 고정기간이 길어지면 대생산일정계획은 급격하게 안정되지만 총비용이 증가하고, 서비스수준은 하락한다. 다시 말해 대생산일정계획 불안정성과 총비용 및 서비스수준은 상충관계에 있다. 따라서 기업은 대생산일정계획 불안정성으로 인해 야기되는 기업 내 혼란 및 생산성 하락을 감수하면서 서비스수준을 향상시키고 총비용을 절감시키기 위해 고정기간을 짧게 설정할 것인지, 아니면 서비스수준이 낮아지고 총비용이 증가하더라도 대생산일정계획 불안정성을 줄이기 위해 고정기간을 늘릴 것인지를 결정해야 한다.

넷째, 예측기간은 대생산일정계획 불안정성 및 서비스수준과는 실질적인 관계가 있지만 총비용과는 실질적인 관계가 없다. 예측기간이 길어질수록 대생산일정계획 불안정성은 유의적으로 감소하지만 서비스수준은 유의적으로 증가한다. 따라서 예측기간이 증가하면 총비용에는 변화가 없지만 대생산일정계획 불안정성과 서비스수준이 개선되기 때문에 결국 기업은 보다 많은 기간의 예측수요를 확보하여 대생산일정계획에 활용하는 것이 바람직할 것이다.

# 제 6 절   적용사례

이 절에서는 본 연구에서 실험한 내용을 검증해보기 위해 실제 기업자료를 활용하여 사례분석을 시행하였다. 따라서 여기서는 사례분석에 활용된 대상기업의 개략적인 현황, 제품구조, 그리고 대상제품에 대한 비용 및 수요자료를 제시한다. 그리고 이러한 자료를 통해 얻은 사례분석 결과와 본 연구를 위해 설계한 실험결과를 비교 분석하였다.

## 1. 대상기업의 현황

사례분석 대상기업은 경기도 화성군에 본사 및 공장이 위치해 있고, 서울에 사무소를 두고 영업활동을 하고 있다. 이 기업은 공기청정설비 및 공기조화기를 생산하는 중소기업으로서 생산제품을 반도체회사 및 병원에 주로 납품한다.

본 연구에서는 이 기업에서 생산하는 1인용 공기조화기(air shower)를 대상으로 분석을 수행했으며, 이 제품은 주로 반도체회사에서 사용되는 장비이다. 이 기업에서 생산하는 1인용 공기조화기의 연간 판매규모는 약 300여 대이며 연매출액은 약 12억 원이다. 이 기업은 수요변동보다는 납기 단축을 위해 안전재고를 보유하고 있으며, 여러 부품을 조립하여 완제품을 생산한다.

## 2. 적용사례 자료 및 제품구조

1인용 공기조화기의 대당 판매가격은 약 400여만 원이고, 하나의 완제품을 생산하기 위해서는 19가지의 부분품이 필요하다. 19가지 부분품들은 조립과정에서 여덟 가지 부품군으로 분류될 수 있으며 본 연구에서는 여덟 가지 부품군을 대상으로 분석을 시행하였다. 본 연구에서 사용된 제품구조는 다음 〈그림 4-21〉과 같다.

〈그림 4-21〉 적용사례 대상품목의 제품구조[2]

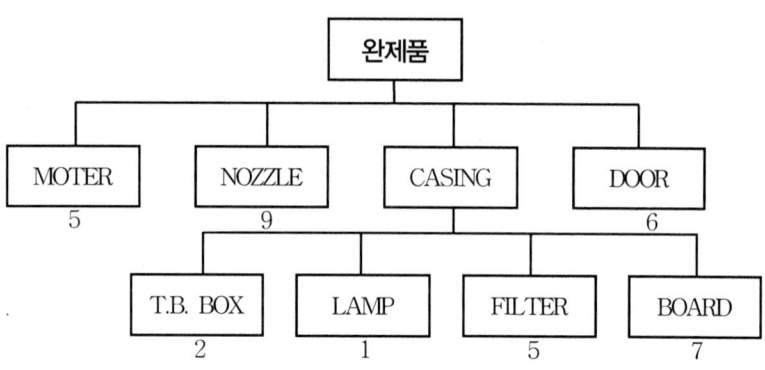

※ 최하위 부품 밑의 숫자는 각 부품의 단위기간당 재고보유비(단위: 만 원)이다.

완제품 및 각 부품의 리드타임은 1기간이고, 기간당 예측수요는 이 기업의 지난 1년간의 기간별 매출액을 종합하여 경험적인 수요분 포를 구성하고, 이 경험적 수요분포와 난수를 이용하여 추출했다. 이 에 대한 구체적인 자료는 〈표 4-16〉과 같다.

---

2) 제품구조에 나타난 각 부품은 몇 가지의 부분품이 조립된 후의 상태이 다. 각 부품을 구성하는 부분품들은 다음과 같다.
① MOTOR: CANVAS, FAN & MOTOR, ISOLATOR, BASE.
② NOZZLE: LEFT & RIGHT NOZZLE PLATE.
③ DOOR: DOOR ASS'Y, SAFETY CLASS, DOOR HANDLE.
④ FILTER: FILTER BASE, HEPA FILTER.
⑤ BOARD: DOOR HINGE, NOZZLE, PRE FILTER, CONTROL PANEL.

〈표 4-16〉 적용사례 대상기업의 수요자료 및 누적 분포

| 기 간 | 판매량 |
|---|---|
| 96. 7 | 30 |
| 8 | 20 |
| 9 | 25 |
| 10 | 40 |
| 11 | 50 |
| 12 | 35 |
| 97. 1 | 30 |
| 2 | 35 |
| 3 | 20 |
| 4 | 20 |
| 5 | 15 |
| 6 | 10 |
| 합 계 | 335 |

(1) 수요자료

| 수 요 | 도 수 | 누적도수 | 누적확률 |
|---|---|---|---|
| 10 | 1 | 1 | 0.0833 |
| 15 | 1 | 2 | 0.1667 |
| 20 | 3 | 5 | 0.4167 |
| 25 | 1 | 6 | 0.5000 |
| 30 | 1 | 7 | 0.5833 |
| 35 | 3 | 10 | 0.8333 |
| 40 | 1 | 11 | 0.9167 |
| 50 | 1 | 12 | 1.0000 |

(2) 누적 분포

예측오차는 평균이 0이고 표준편차가 3. 6인 정규분포에서 추출하였다. 그리고 각 부품의 단위기간당 재고보유비는 〈그림 4-21〉에 나타난 것과 같다. 즉 최하위부품의 단위기간당 재고보유비는 각 부품가격의 10%이고, 하위부품들을 조립하여 생산되는 상위품목(CASING)은 각 하위부품들의 가격을 전부 합한 가격의 10%이다.

## 3. 적용사례의 분석 결과

사례분석에서는 앞의 실험설계에서와 같은 방법으로 시뮬레이션을 수행하였다. 먼저 독립변수들의 변화에 따라 대생산일정계획 성과의 평균에 유의적인 차이가 있는지를 알아보기 위해 성과별로 분산분석

124

을 수행하였고, 안전재고 규모와 매개변수가 대생산일정계획 성과에 미치는 상호작용효과를 파악하기 위해 부품의 안전재고 규모와 매개 변수의 변화에 따른 대생산일정계획 성과의 변화를 표로 정리하였 다. 그리고 독립변수들이 대생산일정계획 성과에 미치는 영향과 그 정도를 파악하기 위해 다중회귀분석을 시행하였다. 이러한 분석을 시행한 결과는 〈표 4-16〉부터 〈표 4-26〉까지에 제시되어 있다.

## (1) 대생산일정계획 성과에 대한 분산분석 결과

실험변수인 완제품 및 부품의 안전재고 규모와 매개변수들의 변화 에 따라 대생산일정계획 성과에 유의적인 차이가 있는지를 파악하 고, 안전재고 규모와 매개변수들의 상호작용효과를 분석하기 위해 개별 성과에 대한 분산분석을 시행하였다. 그 결과는 다음과 같다.

〈표 4-17〉 대생산일정계획 성과에 대한 분산분석 결과

| 성과변수<br>독립변수 | MPS 불안정성 | 서비스수준 | 재고보유비 | 재고부족비 | 총비용 |
|---|---|---|---|---|---|
| 부품 안전재고(A) | .018 | .000 | .000 | .000 | .298 |
| 예측오차(B) | .619 | .000 | .000 | .000 | .000 |
| 고정기간(C) | .000 | .000 | .431 | .000 | .000 |
| 예측기간(D) | .000 | .000 | .642 | .000 | .195 |
| 완제품 안전재고(E) | .506 | .000 | .000 | .000 | .062 |
| A*B | .857 | .290 | .049 | .001 | .540 |
| A*C | .832 | .000 | .999 | .015 | .999 |
| A*D | .999 | .808 | .998 | .931 | .993 |
| A*E | .992 | .056 | .069 | .000 | .638 |
| B*C | .870 | .000 | .942 | .000 | .541 |
| B*D | .364 | .096 | .999 | .302 | .942 |
| B*E | .939 | .000 | .006 | .000 | .277 |

| 성과변수<br>독립변수 | MPS 불안정성 | 서비스수준 | 재고보유비 | 재고부족비 | 총비용 |
|---|---|---|---|---|---|
| C*D | .000 | .449 | .970 | .275 | .881 |
| C*E | .947 | .000 | 1.00 | .112 | .978 |
| D*E | .999 | .991 | 1.00 | .995 | 1.00 |

예측오차, 고정기간에 따라 총비용은 유의적인 차이를 보이지만 완제품 및 부품의 안전재고 규모와 예측기간에 따라서는 총비용에 유의적인 차이를 보이지 않는다. 그리고 예측오차와 완제품 안전재고 규모는 대생산일정계획 불안정성에 유의적인 차이를 가져오지 않지만 부품 안전재고 규모, 고정기간, 예측기간에 따라 대생산일정계획 불안정성은 유의적인 차이를 보인다. 한편 모든 실험변수와 매개변수에 따라 서비스수준은 유의적인 차이를 보인다.

**〈표 4-18〉 총비용에 대한 안전재고 규모와 매개변수의 상호작용효과**

(단위: 1,000만)

| 부품<br>안전재고 | 예측오차 | | 고정기간 | | | 예측기간 | | | 완제품 안전재고 | | |
|---|---|---|---|---|---|---|---|---|---|---|---|
| | 3 | 6 | 2 | 3 | 4 | 12 | 16 | 20 | 1 | 2 | 3 |
| 0.0 | 3071 | 3142 | 3009 | 3130 | 3181 | 3120 | 3101 | 3099 | 3101 | 3099 | 3120 |
| 0.5 | 3069 | 3152 | 3016 | 3137 | 3179 | 3131 | 3105 | 3096 | 3110 | 3097 | 3126 |
| 1.0 | 2997 | 3117 | 2969 | 3083 | 3119 | 3099 | 3042 | 3030 | 3042 | 3033 | 3096 |
| 1.5 | 2988 | 3150 | 2990 | 3100 | 3117 | 3114 | 3060 | 3033 | 2998 | 3046 | 3163 |

예측오차가 클수록, 고정기간이 길어질수록, 예측기간이 짧을수록, 그리고 완제품 안전재고 규모가 클수록 총비용은 증가한다. 그러나 부품 안전재고 규모에 따라서는 총비용의 변화가 일관적이지 않고,

부품 안전재고 규모가 증가함에 따라 총비용이 증가하다 일정 수준
에서 감소하는 형태를 보이고 있다. 따라서 완제품 안전재고 규모가
예측오차 표준편차 규모와 같고 부품 안전재고 규모가 상위품목의
안전재고 규모의 1.5배일 때 총비용이 가장 적게 소요된다.

〈표 4-19〉 MPS 불안정성에 대한 안전재고 규모와 매개변수의 상호작용효과

| 부품 안전재고 | 예측오차 | | 고정기간 | | | 예측기간 | | | 완제품 안전재고 | | |
|---|---|---|---|---|---|---|---|---|---|---|---|
| | 3 | 6 | 2 | 3 | 4 | 12 | 16 | 20 | 1 | 2 | 3 |
| 0.0 | 6.36 | 6.46 | 11.17 | 5.48 | 2.59 | 6.63 | 6.45 | 6.16 | 6.41 | 6.41 | 6.41 |
| 0.5 | 6.32 | 6.38 | 11.07 | 5.40 | 2.57 | 6.57 | 6.33 | 6.13 | 6.37 | 6.35 | 6.31 |
| 1.0 | 6.23 | 6.25 | 10.91 | 5.32 | 2.50 | 6.49 | 6.20 | 6.03 | 6.30 | 6.24 | 6.18 |
| 1.5 | 6.17 | 6.12 | 10.71 | 5.26 | 2.47 | 6.37 | 6.12 | 5.94 | 6.25 | 6.13 | 6.06 |

예측오차가 작을수록, 고정기간이 길수록, 예측기간이 길수록, 그
리고 부품의 안전재고 규모가 증가할수록 대생산일정계획 불안정성
은 감소한다. 그러나 완제품 안전재고 규모에 따른 대생산일정계획
불안정성은 거의 변화가 없다.

〈표 4-20〉 서비스수준에 대한 안전재고 규모와 매개변수의 상호작용효과

| 부품 안전재고 | 예측오차 | | 고정기간 | | | 예측기간 | | | 완제품 안전재고 | | |
|---|---|---|---|---|---|---|---|---|---|---|---|
| | 3 | 6 | 2 | 3 | 4 | 12 | 16 | 20 | 1 | 2 | 3 |
| 0.0 | 75.75 | 77.97 | 84.06 | 73.95 | 72.55 | 76.35 | 76.90 | 77.32 | 71.96 | 77.37 | 81.23 |
| 0.5 | 77.28 | 80.55 | 85.77 | 76.10 | 74.87 | 78.17 | 79.04 | 79.53 | 72.86 | 79.80 | 84.08 |
| 1.0 | 82.56 | 85.40 | 89.52 | 81.68 | 80.74 | 82.83 | 84.52 | 84.58 | 77.41 | 85.18 | 89.34 |
| 1.5 | 85.17 | 88.71 | 91.48 | 84.75 | 84.60 | 85.73 | 87.23 | 87.87 | 80.83 | 88.21 | 91.79 |

매개변수 가운데 고정기간이 길어질수록 서비스수준은 급격히 감소하지만 나머지 매개변수들의 변화에 따라 서비스수준은 거의 변화가 없다. 그러나 완제품 및 부품의 안전재고 규모가 증가할수록 서비스수준 또한 증가하고 있다.

〈표 4-21〉 재고보유비에 대한 안전재고 규모와 매개변수의 상호작용효과

(단위:1,000만)

| 부품 안전재고 | 예측오차 | | 고정기간 | | | 예측기간 | | | 완제품 안전재고 | | |
|---|---|---|---|---|---|---|---|---|---|---|---|
| | 3 | 6 | 2 | 3 | 4 | 12 | 16 | 20 | 1 | 2 | 3 |
| 0.0 | 2594 | 2691 | 2651 | 2619 | 2657 | 2645 | 2639 | 2643 | 2587 | 2640 | 2700 |
| 0.5 | 2624 | 2764 | 2702 | 2673 | 2707 | 2700 | 2692 | 2690 | 2615 | 2691 | 2775 |
| 1.0 | 2646 | 2831 | 2736 | 2725 | 2755 | 2759 | 2733 | 2724 | 2628 | 2731 | 2857 |
| 1.5 | 2689 | 2938 | 2805 | 2805 | 2831 | 2836 | 2809 | 2795 | 2648 | 2808 | 2985 |

예측오차가 클수록, 완제품 및 부품의 안전재고 규모가 증가할수록 재고보유비는 증가한다. 그러나 고정기간과 예측기간의 변화에 따른 재고보유비의 차이는 거의 없다.

〈표 4-22〉 재고부족비에 대한 안전재고 규모와 매개변수의 상호작용효과

(단위: 1,000만)

| 부품 안전재고 | 예측오차 | | 고정기간 | | | 예측기간 | | | 완제품 안전재고 | | |
|---|---|---|---|---|---|---|---|---|---|---|---|
| | 3 | 6 | 2 | 3 | 4 | 12 | 16 | 20 | 1 | 2 | 3 |
| 0.0 | 478 | 450 | 358 | 510 | 524 | 475 | 462 | 455 | 514 | 459 | 420 |
| 0.5 | 445 | 388 | 314 | 463 | 473 | 431 | 414 | 406 | 494 | 405 | 351 |
| 1.0 | 350 | 286 | 233 | 359 | 363 | 340 | 309 | 306 | 414 | 302 | 239 |
| 1.5 | 300 | 211 | 185 | 295 | 286 | 278 | 250 | 238 | 350 | 238 | 178 |

예측오차가 작을수록, 고정기간이 길수록, 예측기간이 짧을수록, 완제품 및 부품의 안전재고 규모가 작을수록 재고부족비는 증가한다.

## (2) 성과변수에 대한 회귀분석 결과

실험변수인 완제품 및 부품의 안전재고 규모와 매개변수들이 대생산일정계획 성과에 어느 정도 중요한 영향을 미치는지를 파악하기 위해 개별 성과별로 다중회귀분석을 시행하였다. 그 결과는 다음과 같다.

〈표 4-23〉 총비용에 대한 회귀분석 결과

| 변    수 | 회귀계수 | 표준회귀계수 | 유의도 | 다중회귀모델의 통계량 | |
|---|---|---|---|---|---|
| 예 측 오 차 | 36198.9 | .050704 | .0000 | $R^2$ | .00724 |
| 예 측 기 간 | -6436.9 | -.019631 | .0825 | | |
| 고 정 기 간 | 76467.1 | .058302 | .0000 | 조정된 $R^2$ | .00660 |
| 완제품 안전재고 | 31659.1 | .024139 | .0328 | F | 11.33138 |
| 부 품 안전재고 | -33224.6 | -.017344 | .1250 | | |
| 상    수    항 | 2758089.8 | | .0000 | 유의도 | .0000 |

총비용에 대한 다중회귀분석을 시행한 결과 회귀식의 유의도가 0.000으로서 유의수준 0.05보다 작기 때문에 이 회귀식에 의해 산출된 통계량은 의미 있는 것으로 해석할 수 있다.

독립변수 가운데 예측기간과 부품 안전재고 규모는 총비용에 유의적인 영향을 미치지 않지만 나머지 독립변수들은 총비용에 유의적인 영향을 미친다. 특히 고정기간과 예측오차는 표준회귀계수가 0.0583과 0.0507로서 총비용에 가장 중요한 영향을 미친다.

### 〈표 4-24〉 대생산일정계획 불안정성에 대한 회귀분석 결과

| 변    수 | 회귀계수 | 표준회귀계수 | 유의도 | 다중회귀모델의 통계량 | |
|---|---|---|---|---|---|
| 예 측 오 차 | .010605 | .003534 | .6279 | $R^2$ | .58696 |
| 예 측 기 간 | -.056395 | -.040921 | .0000 | | |
| 고 정 기 간 | -4.215143 | -.764654 | .0000 | 조정된 $R^2$ | .58669 |
| 완제품 안전재고 | -.045756 | -.008300 | .2550 | F | 2208.35443 |
| 부 품 안전재고 | -.181615 | -.022557 | .0020 | | |
| 상    수    항 | 20.013944 | | .0000 | 유의도 | .00000 |

대생산일정계획 불안정성에 대한 다중회귀분석 결과 유의도가 0.000으로서 유의수준 0.05보다 작기 때문에 이 회귀식에 의해 산출된 통계량은 의미 있는 것으로 해석할 수 있다.

독립변수 가운데 예측오차와 완제품 안전재고 규모는 대생산일정계획 불안정성에 유의적인 영향을 미치지 않지만 나머지 독립변수들은 대생산일정계획 불안정성에 유의적인 영향을 미친다. 특히 고정기간은 표준회귀계수가 −0.765로 대생산일정계획 불안정성에 가장 중요한 영향을 미치는 변수이다.

### 〈표 4-25〉 서비스수준에 대한 회귀분석 결과

| 변    수 | 회귀계수 | 표준회귀계수 | 유의도 | 다중회귀모델의 통계량 | |
|---|---|---|---|---|---|
| 예 측 오 차 | .988426 | .108044 | .0000 | $R^2$ | .28083 |
| 예 측 기 간 | .194252 | .046232 | .0000 | | |
| 고 정 기 간 | -4.757716 | -.283087 | .0000 | 조정된 $R^2$ | .28036 |
| 완제품 안전재고 | 5.420525 | .322524 | .0000 | F | 606.81606 |
| 부 품 안전재고 | 7.065947 | .287847 | .0000 | | |
| 상    수    항 | 72.249923 | | .0000 | 유의도 | .00000 |

서비스수준에 대한 다중회귀분석 결과 유의도가 0.000으로 유의수준 0.05보다 작기 때문에 이 회귀식에 의해 산출된 통계량은 의미 있는 것으로 해석할 수 있다.

모든 독립변수가 서비스수준에 유의적인 영향을 미친다. 특히 완제품 및 부품의 안전재고 규모의 표준회귀계수가 0.3225와 0.2878로서 서비스수준에 매우 중요한 영향을 미치는 변수이다.

〈표 4-26〉 재고보유비와 생산준비비에 대한 회귀분석 결과

| 변 수 | 회귀계수 | 표준회귀계수 | 유의도 | 다중회귀모델의 통계량 | |
|---|---|---|---|---|---|
| 예 측 오 차 | .988426 | .108044 | .0000 | $R^2$ | .28083 |
| 예 측 기 간 | .194252 | .046232 | .0000 | | |
| 고 정 기 간 | -4.757716 | -.283087 | .0000 | 조정된 $R^2$ | .28036 |
| 완제품 안전재고 | 5.420525 | .322524 | .0000 | F | 606.81606 |
| 부 품 안전재고 | 7.065947 | .287847 | .0000 | | |
| 상 수 항 | 72.249923 | | .0000 | 유의도 | .00000 |

재고보유비와 생산준비비에 대한 다중회귀분석 결과 유의도가 0.000이기 때문에 이 회귀식에 의해 산출된 통계량은 의미 있는 것으로 해석할 수 있다.

모든 독립변수가 재고보유비와 생산준비비에 유의적인 영향을 미친다. 특히 완제품 및 부품의 안전재고 규모와 고정기간의 표준회귀계수가 0.28 이상으로 재고보유비와 생산준비비에 매우 중요한 영향을 미치는 변수이다.

〈표 4-27〉 재고부족비에 대한 회귀분석 결과

| 변 수 | 회귀계수 | 표준회귀계수 | 유의도 | 다중회귀모델의 통계량 | |
|---|---|---|---|---|---|
| 예 측 오 차 | 55962.8 | .093971 | .0000 | $R^2$ | .02300 |
| 예 측 기 간 | -2761.4 | -.010096 | .3680 | 조정된 $R^2$ | .02237 |
| 고 정 기 간 | 6915.5 | .006321 | .5730 | | |
| 완제품 안전재고 | 104680.0 | .095680 | .0000 | F | 36.58274 |
| 부 품 안전재고 | 111542.9 | .069803 | .0000 | | |
| 상 수 항 | 200711.0 | | .0000 | 유의도 | .00000 |

재고부족비에 대한 다중회귀분석 결과 유의도가 0.000이기 때문에 이 회귀식에 의해 산출된 통계량은 의미 있는 것으로 해석할 수 있다.

예측기간과 고정기간은 재고부족비에 유의적인 영향을 미치지 않지만 그 이외의 예측오차, 완제품 및 부품의 안전재고 규모는 재고부족비에 유의적인 영향을 미친다. 특히 완제품 안전재고 규모와 예측오차의 표준회귀계수가 0.0957과 0.0940으로서 서비스수준에 매우 중요한 영향을 미치는 변수이다.

## 4. 적용사례 분석 결과와 실험결과의 비교분석

문헌연구를 통해 수집한 자료를 이용한 시뮬레이션 결과와 특정 기업의 자료를 이용한 사례분석 결과는 매우 비슷하다. 따라서 본 연구에서는 두 가지 결과가 다른 점을 중심으로 비교 분석하였다.

첫째, 총비용에 대한 분산분석 결과를 보면 실험결과에서는 고정기간이 총비용에 유의적인 영향을 미치지 않지만 사례분석에서는 완제품 및 부품의 안전재고 규모와 예측기간이 총비용에 유의적인 영향을 미치지 않는다. 이는 사례분석에서는 완제품의 리드타임이 1기간이기 때문에 예측오차에 의한 대생산일정계획의 주문량의 조정이 훨씬 더 빠른 시기에 이루어진다. 따라서 실험결과에서보다 예측기간의 영향을 덜 받는다. 또한 완제품의 안전재고 규모가 매우 작기 때문에 상위품목의 안전재고 규모에 따라 달라지는 부품의 안전재고 규모는 총비용에 유의적인 영향을 미치지 못한다.

그리고 총비용이 가장 작게 발생하는 안전재고 규모를 보면 실험결과에서는 완제품 안전재고 규모가 예측오차 표준편차와 동일하고 부품의 안전재고 규모가 상위품목의 안전재고 규모와 동일한 경우였지만, 사례분석 결과에서는 완제품 안전재고 규모가 예측오차 표준편차와 동일하고 부품의 안전재고 규모가 상위품목 안전재고 규모의 1.5배일 때 총비용이 가장 작게 발생한다. 이 또한 사례분석에서 완제품의 안전재고 규모가 매우 작기 때문에 하위 부품의 안전재고 규모를 실험에서 보다 더 크게 보유할 때 총비용이 가장 작게 발생하는 것이다.

둘째. 대생산일정계획 불안정성에 대한 분산분석 결과를 보면 실험결과에서는 모든 독립변수가 성과변수에 유의적인 영향을 미치지만 사례분석에서는 예측오차와 완제품 안전재고 규모가 대생산일정계획 불안정성에 유의적인 영향을 미치지 않는다. 그러나 이러한 차이는 예측오차와 완제품 안전재고 규모에 따른 대생산일정계획 불안정성의 변화를 보여주는 〈표 4-7〉과 〈표 4-19〉를 비교해 보면 쉽게 이해할 수 있다. 즉 두 개의 표를 비교해보면 실험결과와 사례분석 결과 모두에서 예측오차가 증가하면 대생산일정계획 불안정성이 증

가하고, 완제품 안전재고 규모에 따른 대생산일정계획 불안정성의
변화는 거의 없다.

셋째, 서비스수준에 대한 분산분석 결과는 같다. 그러나 예측오차
가 증가하면 실험결과에서는 서비스수준이 감소하지만 사례분석 결
과에서는 서비스수준이 증가한다. 이 또한 사례분석에서는 예측오차
의 표준편차가 3과 6으로서 매우 작고, 완제품의 리드타임이 1기간
으로 매우 짧기 때문이다. 즉 사례분석에서는 예측오차가 발생하더
라도 빠른 시기에 대생산일정계획의 주문량을 조정함으로써 전 기간
에 발생한 재고부족량이 즉시 보충되어 재고보유량이 증가하기 때문
이다.

# 제5장

# 결  론

# 제1절 연구결과 요약

대생산일정계획은 생산 및 운영계획에서 가장 중요한 활동 가운데 하나이다. 대생산일정계획은 조직의 생산계획과 자재계획, 시장수요와 세부스케줄을 연결시키는 핵심기능을 함으로써 생산계획 및 통제시스템에서 중요한 역할을 한다. 특히 불확실한 상황에서 효율적인 대생산일정계획의 개발은 자재소요계획 같은 공식적이고 종합적인 생산계획시스템을 활용하는 많은 기업에서 중요한 이슈이다.

대생산일정계획에서 가장 중요한 사항은 고객의 수요를 충족시키고, 관련비용을 최소화시키며, 안정적인 계획을 수립하는 것이다. 그러나 이러한 목적은 서로 상충적인 관계를 갖고 있다. 기존연구에서는 주로 단일계층 자재소요계획 시스템을 대상으로 서로 상충적인 목적을 효율적으로 달성하기 위한 방안을 강구하였다. 이러한 방안으로 제시된 것이 연동스케줄과 대생산일정계획의 일부를 고정시키는 방법, 그리고 안전재고를 활용하는 방법 등이다. 본 연구에서는 기존연구에서 제시된 방법들을 보다 현실적인 복수계층 자재소요계획 시스템에 적용시켰을 때 완제품 및 부품의 안전재고 규모가 대생산일정계획 성과에 미치는 영향을 분석함으로써 어느 정도의 안전재고를 보유하는 것이 효과적인지와 안전재고를 보유해야 한다면 어느 계층에서 보유하는 것이 대생산일정계획과 관련된 성과를 개선시킬 수 있는지를 파악하고자 했다. 이와 함께 각 매개변수가 성과변수에 어떤 영향을 미치는지를 분석함으로써 어떤 상황에서 어떤 정책이 가장 효율적인지를 파악하고자 했다.

따라서 본 연구에서는 대생산일정계획의 성과를 관련비용, 대생산일정계획 불안정성, 서비스수준으로 구분하였고, 매개변수로는 예측오차, 수요변동, 고정기간, 예측기간을 고려하였다. 그리고 실험변수로는 완제품 및 부품의 안전재고 규모를 활용하여 시뮬레이션을 수행하였다. 시뮬레이션 결과자료를 활용하여 추가적인 통계분석을 실시하였으며, 분석 결과는 다음과 같이 요약될 수 있다.

첫째, 예측오차, 수요변동, 완제품 및 부품의 안전재고 규모, 예측기간에 따라 총비용은 유의적인 차이를 보인다. 그러나 고정기간에 따라 총비용은 유의적인 차이를 보이지 않는다.

완제품 및 부품의 안전재고 규모가 증가하면 재고보유비를 증가시켜 결국 총비용을 증가시킨다. 그러나 수요변동 폭이 작은 경우보다 수요변동 폭이 큰 경우에 총비용은 오히려 감소한다. 그 이유는 수요변동 폭에 따른 재고부족비의 차이는 거의 없는 반면에 수요변동이 작은 경우에는 재고보유량의 증가로 인해 재고보유비가 많이 소요되지만 수요변동이 큰 경우에는 재고보유량의 감소로 인해 재고보유비가 적게 소요되기 때문이다. 즉 수요변동이 심한 경우에 재고보유비는 유의적으로 감소하지만 재고부족비는 유의적으로 증가하지 않는다는 것이다. 따라서 같은 규모의 안전재고를 보유하고 있을 경우에 수요변동 폭이 클 때 수요변동 폭이 작을 때보다 총비용이 더 적게 소요된다.

둘째, 예측오차, 수요변동, 예측기간, 고정기간, 완제품 및 부품의 안전재고 규모는 대생산일정계획 불안정성에 유의적인 영향을 미친다. 그러나 완제품 및 부품의 안전재고 규모와 다른 매개변수와의 상호작용효과는 대생산일정계획 불안정성에 유의적인 영향을 미치지 못한다. 고정기간과 예측오차는 대생산일정계획 불안정성에 가장 큰 영향을 미친다. 고정기간이 증가할수록 대생산일정계획을 갱신할 때 변경 가능한 기간이 감소함으로써 대생산일정계획 불안정성은 급격히 개선된다. 그리고 수요변동 폭이 크고, 예측기간이 길수록 대생산일정계획 불안정성이 개선된다. 따라서 수요변동 폭이 크고, 예측기간이 긴 경우에 본 연구에서처럼 대생산일정계획의 일정 기간을 고정시키는 방법을 활용하면 대생산일정계획 불안정성 측면에서 매우 효과적임을 알 수 있다.

그러나 완제품 및 부품의 안전재고 규모의 증가에 따른 대생산일정계획 불안정성의 변화는 매우 작다. 예를 들어 부품의 안전재고를 보유하지 않고 완제품의 안전재고만을 보유하는 경우 완제품 안전재고 규모에 따른 대생산일정계획 불안정성은 아무런 변화가 없다.

셋째, 완제품 및 부품의 안전재고 규모와 예측오차, 수요변동, 고정기간, 예측기간은 서비스수준에 유의적인 영향을 미친다. 그러나 대부분의 경우에 다른 변수의 변화와 관계없이 안전재고 규모가 작은 경우에는 서비스수준의 차이가 크지만 안전재고 규모가 증가함에 따라 서비스수준이 비슷해지는 경향을 보인다. 즉 서비스수준에는 완제품 및 부품의 안전재고 규모가 절대적인 영향을 미친다. 다만 고정기간이 짧은 경우에는 고정기간이 긴 경우보다 수요변동에 능동적으로 대응함으로써 서비스수준이 더 높게 나타난다. 즉 고정기간이 길어질수록 수요변동에 대응하는 시점이 늦춰짐으로써 재고부족이 발생할 가능성이 높아지고 이에 따라 결국 서비스수준이 감소하는 경향을 보인다. 그러나 고정기간이 길어지면 서비스수준은 감소하지만 대생산일정계획 불안정성 측면에서는 오히려 성과가 향상된다. 특히 수요변동이 심한 경우에는 이러한 현상이 더욱 두드러지게 나타난다.


## 제 2 절  연구결과의 의미

본 연구는 생산 및 운영계획에서 가장 중요한 활동 가운데 하나인 대생산일정계획을 효율적으로 수립하기 위한 방안을 강구하기 위한 것이다. 기존문헌에서는 주로 단일계층 자재소요계획 시스템을 대상으로 시뮬레이션 및 분석적인 방법을 통해 효율적인 대생산일정계획 수립방안을 제시하였다. 그러나 본 연구의 가장 큰 의미는 기존연구와 달리 보다 현실적인 상황(복수계층 자재소요계획 시스템)에서 효율적인 대생산일정계획을 수립하는 방안을 찾아보고자 했다는 점이다. 본 연구에서 가장 중점을 두고 분석을 시행한 부분은 안전재고 규모이다. 여러 가지 상황에서 완제품 및 부품의 안전재고 규모를 변화시켰을 때 대생산일정계획의 성과가 어떻게 달라지는가를 분석하고, 이를 통계적으로 검증함으로써 본 연구의 결과는 다음과 같은 관리적 시사점을 제시하고 있다.

첫째, 선행연구에서와 같이 안전재고 규모에 따라 서비스수준과 총비용은 상충관계를 보이기 때문에 본 연구에서 분석에 이용한 연구대상 기업의 경우 완제품 안전재고를 예측오차 표준편차만큼 보유하고 하위 부품의 안전재고 또한 같은 규모로 보유할 때 대생산일정계획과 관련된 총비용이 가장 적었다. 따라서 기존문헌에서 제시한 것처럼 대생산일정계획 단계에서 완제품의 안전재고만을 보유하는 것보다는 완제품과 하위부품의 안전재고를 동시에 보유함으로써 총비용을 더 낮출 수 있을 것이다. 한편 안전재고 규모가 증가하면 대생산일정계획 불안정성이 감소할 것이라는 기존연구결과는 본 연구결과와 다르다. 본 연구결과를 보면 모든 상황에서 완제품 및 부품의 안전재고 규모가 증가하더라도 대생산일정계획 의 불안정성은 거의 변화가 없다. 오히려 완제품 및 부품의 안전재고 규모가 증가하면 대생산일정계획 불안정성은 약간 증가한다.

둘째, 수요예측 정확성을 높이는 것은 기업의 생산 및 운영계획에서 매우 중요한 과업이다. 정확한 수요예측이 가능할 때 대생산일정계획과 관련된 성과에서도 우수한 결과를 얻을 수 있다.

셋째, 수요변동 폭이 심한 경우에 본 연구에서와 같이 연동스케줄과 대생산일정계획 고정방법을 사용하면서 적정 규모의 안전재고를 보유하는 것은 매우 효과적이다. 수요변동이 심한 경우에 연동스케줄을 활용함으로써 수요변화에 신속히 대응할 수 있을 뿐만 아니라 과도한 재고를 억제하여 재고보유비를 줄일 수 있다. 그러나 연동스케줄의 활용에 따른 대생산일정계획의 불안정성 문제는 대생산일정계획 고정방법을 활용함으로써 해결할 수 있다. 또한 심한 수요변동에 따른 재고부족문제는 적정 규모의 안전재고를 보유함으로써 해결할 수 있게 된다. 따라서 수요변동 폭이 큰 경우에 본 연구에서 활용한 대생산일정계획 수립방법이 매우 효과적임을 알 수 있다.

넷째, 고정기간을 증가시키더라도 서비스수준은 별 차이를 보이지 않는다. 선행연구에서 대생산일정계획 고정방법을 활용함에 있어서 가장 큰 문제로 거론되었던 점은 고정기간이 증가하면 서비스수준이 감소할 것이라는 점이었다. 그러나 본 연구결과를 보면 고정기간의 증가는 대생산일정계획 불안정성을 급격하게 감소시키지만 서비스수준은 커다란 변화를 보이지 않는다. 그 원인은 안전재고에서 찾을 수 있을 것이다. 즉 고정기간을 늘리더라도 적정 규모의 안전재고를 보유함으로써 재고부족 발생가능성을 줄일 수 있다. 그러나 고정기간을 증가시키면 총비용이 증가한다는 문제점은 여전히 남는다. 따라서 궁극적으로 대생산일정계획 불안정성과 상충관계를 보이는 총비용을 동시에 고려하여 고정기간을 결정해야 할 것이다.

다섯째, 기간에 관계없이 비슷한 수준의 예측정확성을 유지하는 것은 매우 중요한 문제이다. 본 연구결과를 보면 예측기간이 짧은 경우보다 예측기간이 긴 경우에 모든 성과가 우수하게 나타났다. 예측기간이 길수록 대생산일정계획 불안정성이 감소하고, 서비스수준이 향상된다. 이러한 결과는 본 연구가 예측기간에 관계없이 예측정확성이 같다는 가정하에서 진행되었기 때문이다. 즉 예측기간에 관계없이 같은 예측오차범위에서 예측수요를 산출하였기 때문에 예측기간이 긴 경우에 보다 합리적인 럿사이즈를 결정할 수 있었다. 따라서 기업이 비슷한 수준의 예측오차를 유지하면서 미래기간에 대한 예측수요를 산출할 수 있다면 대생산일정계획을 수립할 때보다 많은 기간의 예측수요를 산출하여 입력자료로 활용하는 것이 바람직할 것이다. 그러나 예측기간이 증가할수록 성과변수의 차이는 점차 감소하게 된다. 예를 들어 예측기간이 12기간인 경우와 16기간인 경우에 대생산일정계획 불안정성은 약 2단위(12.40과 10.42)의 차이를 보이지만 예측기간이 16기간인 경우와 20기간인 경우에는 0.42단위(10.42

와 10.00)의 차이만 보일 뿐이다. 따라서 어느 정도 기간의 예측수요 를 확보한 후에는 예측기간을 늘리려는 노력보다 예측정확성을 향상 시키려는 노력에 집중해야 할 것이다.

## 제 3 절  연구의 제약성 및 향후 연구과제

본 연구는 선행연구에서 사용된 제품구조와 비용구조 등 특정 기 업상황을 가정하여 시뮬레이션을 실시한 후 그 결과자료를 활용하여 통계적인 분석을 실시하였다. 따라서 본 연구는 다음과 같은 몇 가 지 한계점을 갖고 있다.

첫째, 미래기간에 대한 대생산일정계획을 수립하면서 전 기간에 걸쳐 동일한 수요분포 및 예측오차를 적용했다는 점이다. 수요는 제 품에 따라 차이는 있지만 대부분 시간의 흐름에 따라 수요량도 변화 하는 특성이 있다. 시간이 흐를수록 수요량이 증가하는 제품도 있고, 계절에 따라 수요량이 증가 혹은 감소하는 제품도 있다. 그러나 본 연구에서는 이러한 수요변화 패턴을 고려하지 못하고 특정 시점에서 가정한 수요분포를 이용하여 전 기간에 걸쳐 사용하였다는 점이다. 뿐만 아니라 예측기간에 관계없이 예측오차에 대한 동일한 분포를 사용함으로써 가까운 미래와 먼 미래의 수요예측오차가 동일하다고 가정하였다.

둘째, 기업의 가용자원과 생산용량에 대한 제약조건을 고려하지 못했다는 점이다. 기업이 사용할 수 있는 원자재나 인력, 생산시설은 한정되어 있을 것이다. 또한 고용안정이나 안정적인 조업활동 등의 목표로 인해 특정 수준 이상의 조업을 지속적으로 수행해야 하는 경우도 있다. 그러나 본 연구에서는 이러한 제약조건을 고려하지 않고 수요변화만을 고려하여 대생산일정계획을 수립하였다.

셋째, 본 연구에서는 여덟 가지 부품을 조립하여 완제품을 생산하는 기업상황을 토대로 연구를 진행하였다. 물론 부품의 조립단계를 2단계부터 5단계까지 다양하게 설정하여 시뮬레이션을 수행했지만 이 또한 연구결과의 일반화에 제약이 될 수 있다. 현실적으로는 이보다 훨씬 복잡한 구조를 갖는 제품이 매우 많다.

이상의 한계점을 토대로 앞으로 연구해야 할 방향과 과제를 제시하면 다음과 같다.

첫째, 시간의 흐름에 따라 다른 수요분포와 예측오차 분포를 활용할 수 있을 것이다. 예를 들어 제품수명주기 이론을 접목시켜 성장기인 제품의 경우에는 시간의 흐름에 따라 수요량이 증가하도록 하고, 쇠퇴기인 제품의 경우에는 시간의 흐름에 따라 수요량이 감소하도록 하는 수요분포를 추정하여 미래기간의 수요예측치를 산출하는 데 활용할 수 있을 것이다. 또한 가까운 미래의 수요예측은 먼 미래의 수요예측보다 정확성이 높을 것이다. 따라서 가까운 미래의 수요예측 시는 예측오차범위를 더 좁게 설정하고, 먼 미래의 수요예측 시는 예측오차범위를 더 넓게 설정하여 예측오차를 산정하는 것이 보다 현실적일 것이다.

둘째, 기업의 자원 및 용량의 제약을 고려하는 연구를 수행할 수 있을 것이다. 물론 여러 가지 제약조건을 고려하다 보면 연구모형이 복잡해지고 많은 시간을 필요로 하겠지만 보다 현실적인 연구결과를 제시하기 위해서는 이러한 노력이 반드시 필요할 것이다.

셋째, 다양한 제품구조를 대상으로 연구를 진행할 수 있을 것이다. 현대 생산시스템은 대부분 부분품을 조립함으로써 완제품을 생산한다. 따라서 제품에 따라 그 구조 또한 다양한 형태를 띠고 있다. 향후 연구에서는 이러한 다양한 형태의 제품구조를 고려한 연구가 진행되면 보다 많은 기업들이 연구결과를 활용할 수 있을 것이다.

# 참 고 문 헌

강금식, 「생산·운영관리: 개념, 모형 및 기법」, 박영사, 1987.

김재련, 「컴퓨터시뮬레이션」, 박영사, 1992.

백종현, 「생산계획 및 재고통제」, 삼영사, 1990.

백종현, "럿·사이즈(lot-size) 변화가 재고비용 곡선의 평탄성에 미치는 민
감도에 관한 연구", 「서강경영논총」 제1집, 서강대학교 서강경영연
구소, 1990, pp.125-143.

백종현, "LIMIT 주문량이 재고비용곡선의 평탄성에 미치는 민감도에 관한
연구", 「서강경영논총」 제2집, 서강대학교 서강경영연구소, 1991,
pp.129-141.

백종현, "재고보유비 중심이론에 의한 총괄적 재고관리로의 접근가능성에 관
한 연구", 「서강경영논총」 제3집, 서강대학교 서강경영연구소, 1992,
pp.139-150.

백종현, "총괄생산계획 수준에서의 안전재고에 대한 time-phasing과 lot-
sizing문제", 「서강경영논총」 제5집, 서강대학교 서강경영연구소, 1994,
pp.191-206.

임석현, 「생산·운영관리」, 삼영사, 1991.

146

Baker, K. R. & D. W. Peterson, "An analytic framework for evaluating rolling schedules", *Management Science*, vol.25, 1979, pp.341-351.

Baker, K. R., "An experimental study of the effectiveness of rolling schedules in production planning", *Decision Sciences*, vol.8, no.1, 1977, pp.19-27.

Berry, W. L., T. E. Vollmann, & D. C. Whybark, *Master Production Scheduling: Principles and Practice*, 2nd ed., APICS, 1983.

Berry, W. L., T. E. Vollmann, & D. C. Whybark, *Master Production Scheduling: Principles and Practice*, 1st ed., APICS, 1979.

Blackburn, J. D. & R. A. Millen, "Heuristic Lot Sizing Performance in a Rolling Schedule Environment", *Decision Sciences*, vol.11, no.11, 1980, pp.691-701.

Blackburn, J. D. & R. A. Millen, "Improved Heuristics for Multi-Stage Requirements Planning System", *Management Science*, vol.28, no.1, Jan. 1982, pp.44-56.

Blackburn, J. D., D. H. Kropp, & R. A. Millen, "A Comparison of Strategies to Dampen Nervousness in MRP Systems", *Management Science*, vol.32, no.4, 1986, pp.413-429.

Bookbinder, J. H. & Bak-Tee H'ng, "Production Lot Sizing for Deterministic Rolling Schedules", *Journal of Operations Management*, vol.6, no.3, 1986, pp.349-362.

Campbell, G. M., "Master production scheduling under rolling planning horizons with fixed order intervals", *Decision Sciences*, vol.23, no.2, 1992, pp.312-331.

Carlson, R. C., S. L. Beckman, & D. H. Kropp, "The Effectiveness of

Extending the Horizon in Rolling Production Scheduling", *Decision Sciences*, vol.13, no.1, 1982, pp.129-146.

Chand, S., "A Note on dynamic Lot Sizing in a Rolling Horizon Environ- ment", *Decision Sciences*, vol.13, no.1, 1982, pp.113-119.

Choi, H. G., E. M. Malstrom, & R. J. Classen, "Computer Simulation of Lot-Sizing Algorithms In Three-Stage Multi-Echelon Inven- tory Systems", *Journal of Operations Management*, vol.4, no.3, 1984, pp.259-277.

Chong, P. S., "A Dispute on James R. Evans' "An Efficient Implemen- tation of the Wagner-Whitin Algorithm for Dynamic Lot-Sizing", *Journal of Operations Management*, Vol.5, No.2, February 1985", *Journal of Operations Management*, vol.7, no.1, 1987, pp.27-29.

Chu, S. C. K., "A mathematical programming approach towards opti- mized master production scheduling", *International Journal of Production Economics*, vol.38, 1995, pp.269-279.

Chung, C. H. & L. J. Krajewski, "Planning Horizons for Master Pro- duction Scheduling", *Journal of Operations Management*, vol.4, no.4, 1984, pp.389-406.

Chung, C. H. & L. J. Krajewski, "Replanning frequencies for master pro- duction schedules", *Decision Sciences*, vol.17, no.2, 1986, pp.263-273.

Coleman, B. J. & M. A. McKnew, "An Improved Heuristic for Multilevel Lot Sizing in Material Requirements Planning", *Decision Sciences*, vol.22, 1991, pp.136-155.

De Bodt, M. A. & L. N. Van Wassenhove, "Cost Increases Due to De- mand Uncertainty in MRP Lot-Sizing", *Decision Sciences*, vol.14,

148

no.2, 1983, pp.345-361.

Evans, J. R., "An Efficient Implementation of the Wagner-Whitin Algorithm for Dynamic Lot-Sizing", *Journal of Operations Management*, vol.5, no.2, 1985, pp.229-235.

Gardiner, S. C. & J. H. Blackstone, Jr., "The effects of lot sizing and dispatching on customer service in an MRP environment", *Journal of Operations Management*, vol.11, 1993, pp.143-159.

Hayes, R. H. & K. B. Clark, "Explaining Observed Productivity Differentials Between Plants: Implications for Operations Research", *Interfaces*, vol.15, No.6, 1985, pp.3-14.

Hoover, S. V. & R. F. Perry, *SIMULATION: A Problem-Solving Approach*, Addison-Wesley Publishing Company, Inc., 1989.

Kadipasaoglu, S. N., "The effect of freezing the master production schedule on cost in multilevel MRP systems", *Production and Inventory Management Journal*, Third quarter 1995, pp.30-36.

Kern, G. M. & J. C. Wei, "Master Production Rescheduling Policy in capacity-constrained Just-In-Time Make-To-Stock Environments", *Decision Sciences*, vol.27, no.2, 1996, pp.365-387.

Lin, N. P. & L. Krajewski, "A Model for Master Production Scheduling in Uncertain Environments", *Decision Sciences*, vol.23, 1992, pp.839-861.

Lin, N. P., L. Krajewski, G. K. Leong, & W. C. Benton, "The effects of environmental factors on the design of master production scheduling systems", *Journal of Operations Management*, vol.11, pp.367-384.

McClelland, M. K., "Order Promising and the Master Production Schedule", *Decision Sciences*, vol.19, 1988, pp.858-879.

McClain, J. O. & J. Thomas, "Horizon effects in aggregate production planning with seasonal demand", *Management Science*, vol.23, 1977, pp.728-736.

Orlichy, J. A., *Material Requirements Planning*, New York: McGraw-Hill, 1975.

Proud, J. F., "Master Scheduling: More Art Than Science", *IIE SOLUTIONS*, Sep. 1995, pp.38-42.

Ritzman, L. P. & B. E. King, "The relative sigmificance of forecast errors in multistage manufacturing", *Journal of Operations Management*, vol.11, 1993, pp.51-65.

Spencer, M. S. & J. F. Cox Ⅲ, "Master Production Scheduling Development in a Theory of Constraints Environment", *Production and Inventory management Journal*, First Quarter, 1995, pp.8-14.

Sridharan, V. & R. L. LaForge, "Freezing the Master Production Schedule: Implications for Fill Rate", *Decision Sciences*, vol.25, no.3, 1994, pp.461-469.

Sridharan, V. & R. L. Laforge, "An Analysis of Alternative Policies to Achieve Schedule Stability", *Journal of Manufacturing and Operations Management*, vol.3, no.1, 1990, pp.53-73.

Sridharan, V. & R. L. Laforge, "The Impact of Safety Stock on Schedule Instability, Cost and Service", *Journal of Operations Management*, vol.8, no.4, 1989, pp.327-347.

Sridharan, V. & W. L. Berry, "Freezing the Master Production Schedule Under Demand Uncertainty", *Decision Sciences*, vol.21, no.1, 1990, pp.97-121.

150

Sridharan, V. & W. L. Berry, "Master production scheduling make-to-stock products: a framework for analysis", *International Journal of Production Research*, vol.28, no.3, 1990, pp.541-558.

Sridharan, V., W. L. Berry, & V. Udayabhanu, "Measuring master production schedule stability under rolling planning horizons", *Decision Sciences*, vol.19, no.1, 1988, pp.147-166.

Sridharan, V., W. L. Berry, & V. Udayabhanu, "Freezing the master production schedule under rolling planning horizons", *Management Science*, vol.33, no.9, 1987, pp.1137-1149.

Steele, D. C., "The Nervous MRP System: How to do Battle", *Production and Inventory Management*, vol.16, 1975, pp.83-89.

Venkataraman, R. & J. Nathan, "Master Production Scheduling for a Process Industry Environment: A Case Study", *International Journal of Operations & Production Management*, vol.14, no.10, 1994, pp.44-53.

Veral, E. A., "The Intergration of Cost and Capacity Considerations in Material Requirements Planning Systems", *Decision Sciences*, vol.21, 1990, pp.507-520.

Veral, E. A. & R. L. LaForge, "The Performance of a Simple Incremental Lot-Sizing Rule in a Multilevel Inventory Environment", *Decision Sciences*, vol.16, 1985, pp.57-71.

Vollmann, T. E., W. L. Berry, & D. C. Whybark, *Manufacturing Planning and Control Systems*, 2nd ed. Homewood, IL: Irwin, 1988.

Ware, N. & D. W. Fogarty, "Master Schedule/Master Production Schedule: The Same or Different?", *Production and Inventory Management Journal*, First Quarter, 1990, pp.34-38.

Wemmerlöv, U., "Comments on 'Cost Increases Due to Demand Uncertainty in MRP Lot-Sizing': A Verification of Ordering Probabilities", *Decision Sciences*, vol.16, no.3, 1985, pp.410-419.

Wemmerlöv, U., "The Behavior of Lot-Sizing Procedures in the Presence of Forecast Errors", *Journal of Operations Management*, vol.8, no.1, 1989, pp.37-47.

Wemmerlöv, U. & D. C. Whybark, "Lot-sizing under uncertainty in a rolling schedule environment", *International Journal of Production Research*, vol.22, no.3, pp.467-484.

Wagner, H. M. & T. M. Whitin, "Dynamic Version of the Economic Lot Size Model", *Management Science*, vol.5, no.1, 1958, pp.89-96.

Zhao, X. & T. S. Lee, "Freezing the master production schedule for material requirements planning systems under demand uncertainty", *Journal of Operations Management*, vol.11, no.2, 1993, pp.185-205.

Zoller, K. & A. Robrade, "Dynamic Lot Sizing Techniques: Survey and Comparison", *Journal of Operations Management*, vol.7, no.4, 1988, pp.125-148.

· 저자 ·

김성홍　•약 력•

서강대학교 경영학과 학사
서강대학교 경영학과 석사
서강대학교 경영학과 박사

현재 충북대학교 경영학부 교수
한국정보사회진흥원 경영혁신팀 책임연구원 역임
인천대학교, 서울디지털대학교 겸임교수 역임
한국생산관리학회 이사

안전재고 규모에 따른
대생산일정계획의
민감도 분석

| | |
|---|---|
| • 초판 인쇄 | 2008년 6월 15일 |
| • 초판 발행 | 2008년 6월 15일 |
| • 지 은 이 | 김성홍 |
| • 펴 낸 이 | 채종준 |
| • 펴 낸 곳 | 한국학술정보㈜ |
| | 경기도 파주시 교하읍 문발리 513-5 |
| | 파주출판문화정보산업단지 |
| | 전화　031) 908-3181(대표) · 팩스　031) 908-3189 |
| | 홈페이지　http://www.kstudy.com |
| | e-mail(출판사업부)　publish@kstudy.com |
| • 등 　 록 | 제일산-115호.(2000. 6. 19) |
| • 가 　 격 | 20,000원 |

ISBN　978-89-534-9325-4 93320 (Paper Book)
　　　　978-89-534-9326-1 98320 (e-Book)